# 世界風土神話

篠田知和基

八坂書房

馬遠《黄河逆流》南宋時代、故宮博物院

[扉の図]

アンリ・ルソー《夢》

1910 年、ニューヨーク近代美術館

# ❖『世界風土神話』目次

# はじめに

世界中で同じような神話が語られている。しかし、同じようでも風土的な変容がある。成長の早い植物を植えて、それをつたって天へ昇る話でも豆の木で語るところと竹で語るところがある。あるいは瓜などのつる性の植物の場合もある。なかでも竹の場合は寒い地方では見たこともないもので、想像もつかないかもしれない。日本にはどこでも竹が生えているから、この話は日本では竹で語られるかというと実はそうでもなく、竹の話は日本では天へ昇る話より、「かぐや姫」のタイプの話が多く、竹の中から小さな姫君が出てきたことになる。[01]ところが、東南アジアに行くと竹の中から出てくるのは立派な男の子で、子供ではあるがとくに小さな子供だとは語られない。[02]熱帯雨林の竹には人が中に入れるくらいの太くて丈の高いものがあるのである。日本でも真竹か、孟宗竹かで話が違ってくるが、外国の竹だと孟宗どころではないものがある。これはカボチャなどでも同じで、巨大なものになると、中に人が入れるくらいのものができることもある。それほどではなくともハロウィンで、中身をくりぬいて頭にかぶったりするカボチャはかなり大きい。もちろんカボチャは神話時代には原産地以外では知られていなかったが、そしてヨーロッパに伝わったのがいつ頃かが問題になるのだが、シンデレラの話でカボチャの馬車が出てきたときに、カボチャというとせいぜい瓜ていどのものを想像する場合と、そのまま本当の馬車になりそうな大きなカボチャを想像するところでは、話が違ってくる。[03]シンデレラの話が世界中にあることはすでに論証済みだが、ガラスの靴などでも、これがガラスであるか、同じ発音のある種の毛皮であるかについての議論はどうでもよく、[04]どちらにしても靴が日常的にあるところと、ふつうは草履しか使われていないところでは話が違うのである。それらの風土的変異が物語にはどうしても反映せざるをえない。

風土というと砂漠的風土と森林的風土が思い浮かばれるが、海辺の風土もあるし、ツンドラもあればラプラタ河流域にはパンパスもある。エスキモーの世界のように氷原の風土もある。それにキリスト教などの場合、砂漠で生まれた思想だとしても、それが受容されて文化的に発展したのは小麦と牧草の地である。キリスト教をそれが生まれた地方の風土でだけ規定しようとするのはその後の歴史的展開をみると無意味なようにも思われる。[05]また同じキリスト教圏でも西ヨーロッパとスラブ圏とでは、カトリックとギリシア正教というはなはだしく異なった文化を生み出している。文化は生まれた土地の風土だけではなく、育った土地の風土も考慮しないといけないのである。

それは神話＝物語が、どの時代に生まれたかという問題にもかかわってくる。ギリシア神話はキリスト教が生まれる前にできあがっている。古事記は八世紀[06]、北欧神話はスノリ・ストリュッソンが編纂したのが十二世紀で、『カレワラ』は十九世紀である。聖書も新約と旧約では成立年代が大きく異なっている。地域的偏差だけではなく、時代的偏差もあるのである。風土自体が氷河期とその後の間氷期では異なっている。現在砂漠が広がっているところがかつては森林だったりする。いま高層ビルが林立するところがかつては海底だったりもする。神話はいつどこで生まれ、どこで誰によって受け継がれてきたか、地理と歴史をつねに考慮しなければならないのである。風土という言葉がまさにそうなので、歴史的変遷と文化的意匠を含んでいるのである。

本書ではそこで、「世界の風土の神話」という観点から、第一部ではどんな風土からどんな神話が生まれたかを見、第二部でどんな神話にどんな風景が浮かび上がってくるかを考え、第三部でいくつかの神話に見られる風土的思考を検討しようと思う。第一部ではまずスサノヲが尻の毛を抜いて木を植えた神話からみてゆく。第二部では因幡の白兎の神話から浮かび上がる日本海の海岸の様子などを考え、第三部では大国主の国ゆずり神話にみられる「思想」を常世観も含めて検討することとしたい。それらと並行してエジプトのセクメトの神話、ギリシアのオイディプスの神話、エジプトのオシリスの神話その他も検討する。

# I　神話と風土

レオ・フォン・クレンツェ《アテナイのアクロポリス》1846年
ミュンヘン、ノイエ・ピナコテーク

アクロポリスは現在は屋根が崩れているが、この絵は想像の復元図であり、丘の上に立つ巨大なアテネ像の現物も失われている。アクロポリスの前にはアテナが生やしたというオリーブの木があるが、この絵では不明である。しかし、全体にアクロポリスの丘は緑におおわれているように見える。今は、樹木一本生えていない裸山で、アテナ神殿以外はほとんど崩れて瓦礫の山になっているが、白亜の大理石の瓦礫の上に立つ、同じ純白の大理石の神殿はそれなりにギリシアの現在の風土をあらわしている。その風景は19世紀でも同じだったろう。エルネスト・ルナンが足をおろして、古代ギリシアに思いを馳せた頃もそこは瓦礫の山だった。

神話は風土に育ってゆく。あるいは変貌する自然のその変化のプロセスを語る。[01]

メソポタミア文明は木を切りつくして滅んだという。[02]『ギルガメシュ叙事詩』は森の神フンババをギルガメシュが退治した様子を描く。[03]それに対して、たとえば日本神話では、スサノヲが尻の毛を抜いて槇を植えたといった神話が語られる。[04]また、スサノヲの子イタケルはいろいろな木の種をもってきて日本各地に植えたという。その結果、森林率六十八パーセントという日本の国土ができたという。[05]

スサノヲはイザナギが黄泉の国から帰ってきた際、みそぎをして鼻を洗ったときに生まれたという。これは鼻から息を吹き出したときに生まれたものとみられる。神の激しい鼻息によって生成したのである。それが彼の激しい性格をあらわしている。[06]彼は海を支配するように命ぜられたが、それを好まず、母のいる根之堅州国《ねのかたすくに》へゆくことを望み、高天原のアマテラスのところへいとま乞いに駆け上がってゆき、そこで田の畔を壊したりといった乱暴狼藉の限りを尽くしたが、[07]彼をイザナギの鼻息から生まれた暴風神とするなら、その猛威もうなずける。[08]彼はアマテラスと天の安川のほとりで、うけひをして神々を生み出すが、彼の剣をものざねとしてそれをかみ砕いて吹き出して宗像三女神を生み出したアマテラスは、実際はスサノヲの霊を三女神に転生させたので、この海の女神たちがスサノヲの剣から生まれていることは無視できない。[09]これも海上を荒れ狂う暴風神の猛威とも読み取れる。和辻哲郎によれば日本人は暴風などの荒々しい自然に対してひたすら忍従する受容的性格をもっているというが、神話としてはスサノヲの神話は樹木神話であるとともに暴風神話である。[10]台風や地震にたえず見舞われる日本列島の風土をスサノヲ神話はあらわしているとみていい。[11]

## 洪水神話

自然の猛威をあらわす神話ではハワイに火山の神話があり、世界中に洪水神話がある。洪水神話については、近年、間氷期に地中海の海水が黒海に流れ込んで、水位が上がって、沿岸の住居を水没させた事実を映したものとする説が唱えられたが、世界中にみられる洪水神話がすべて黒海から流れ出ているはずはなく、聖書のノアの洪水でも、大雨が四十日降り続いて、世界中が水没し、箱舟がアララット山に流れついたと語るので、地中海の水が黒海に流れ込んだという大災害《カタストロフィ》とはどうやら趣を異にしている。雨が降り続くというのは、世界中の洪水神話に共通してみられる話で、湖の水位が上昇するという話は世界的にはみられない。実際の災害としては、山間部を流れる谷川が流木などで山峡をふさがれて、一時的なダムを形成して谷間の村を水没させるというケース、黄河や揚子江やガンジス川などの大河が溢水して流域を水没させるというケースはしばしばみられるものであり、その大元は間氷期の氷河の流出であるよりは、集中豪雨であることの方が多いだろう。あるいはポリネシアの神話によくみられるようにヤシの木の根方から水が吹き出して、世界を浸水させたといったケースで、いずれも黒海説には合致しない。しかし自然災害が世界各地で似たような神話を構成しているのは間違いない。洪水

ニコラ・プッサン《四季：冬（洪水）》1660-64年、ルーヴル美術館

神話は兄妹が瓢箪などにのって洪水を逃れて、人類を再創造する話になる例が多く[12]、その場合は風土とは関係がなくなるが[13]、世界各地で洪水が、多くは河川の増水でひきおこされてきたことが洪水神話を形成しているのである。

神話は汎世界的な広がりをもっている。どこでも同じような神話が語られる。洪水神話はそのひとつである。イザナギの黄泉の国下りもギリシアやその他の地域に同様な話がみられる[14]。しかし同じようでもそれぞれの風土によってディテールは異なっている。ギリシアのペルセポネは冥界でザクロの実を食べたために地上に戻れなくなった[15]。異界で食べ物を食べるとこの世へは戻れないのだ[16]。イザナミも「よもつへぐい」をしたためにこの世には戻れなかった[17]。

しかし、食べるものはザクロとは限らない。寒い地方では生育しないマンゴーのような熱帯性の果実であることもあるだろう。人類の神話は大筋の共通性をもっているが、細部では風土性をもっている。洪水神話でも洪水の形態、原因、収束の仕方などはそれぞれ異なっている。黒海の水位の急上昇などは、そのままの神話はないばかりか、その収束の仕方も他の地域の洪水とは異なっている。他では長雨が止むと鳥を放して木の枝をもってこさせて、水位が下がったことを知るのである。黒海の場合には水位の上昇はあっても、それに見合うような急激な下降はないだろうし、少なくともそのような神話はない。もうひとつは神話というものの性格にもよる。一回性と同時に反復性のある事実を神話は語るのである。この世の始まりは一回性の出来事である。しかし、混沌の海に立ち昇る太陽は、何回でも繰り返される。反復性の普遍的事実の最初の一回を語るのが神話だといってもいい。洪水のような出来事も繰り返される。それが繰り返され、繰り返し語られるうちに普遍性と巨大性を獲得してくる。谷あいの大水で、数戸の家屋が水没した。前にもあった。またほかの地域でも同じようなカタストロフィがあった。神話はそれらの個別性を抽象化し、普遍化して、巨大洪水が世界をおおったように語る。一回の洪水をニュースとして語るかわりに、人類共通の災害として、神の怒りが地上にくだって、地上のけがれを一掃した大災害の神話的物語を語るのである[18]。

## 風土の歴史的変遷

神話は事実の報道ではない。人類共通の運命を寓話として語るのである。だがそこには語りの場を条件づける風土性がある。死は何回でも繰り返される。しかし「どうして人は死ぬようになったのか」といった神話は一回性の死について語る。その語りは汎世界的である。と同時に、バナナとかマンゴーといった地域的ディテールが随伴する。[19]

その地域的ディテールを和辻は「風土」として、モンスーン風土、砂漠風土、牧草地風土などにまとめたが[20]、日本についてはモンスーン地帯に属すると同時に台風にしばしばおびやかされる風土でもあるとして、大風のときは家にとじこもってひたすら耐える忍従性の精神風土を形成したともする。[21]シベリアはツンドラとタイガに分かれ、南部ではステップが広がる。インドではヒマラヤの高山性気候と山麓の森林性気候に分かれる。アフリカには砂漠と密林とサバンナがある。ヨーロッパも地中海気候と北部の森林気候と、中部の牧草地に分かれる。ギリシアでも南部と島嶼部は白い岩山だが、北部山岳地帯はかなり密度の濃い森林地帯である。[22]和辻は船でヨーロッパに旅したとき、はじめてみたヨーロッパの沿岸部の岩山と、その岩の間に生える草を食《は》むヤギなどの動物相に感銘を受けたが、ヨーロッパがどこまでもそのような岩山ばかりではないことは、まもなく知ることになる。そして西ヨーロッパについては牧草地の広がりに注目して、それを牧場の風土とみなしたのだが、その観察には歴史的視点が欠けていた。西ヨーロッパの牧草地は森林の開墾によるもので、昔は今ほど牧草地は広がっていなかった。とくにスイスなどの山岳地帯では、高地で唯一可能な生業としての酪農をおこなうためにモミ林を伐採したのである。また、低木しか生えていない地中海沿いの山地では、ヤギが草木を食べ尽くして裸山になったので、昔は緑の山々が連なっていたのである。[23]過放牧による砂漠化はアフリカ北岸でもみられた。ここも昔は森林地帯だったのである。同じことは日本についてもいえるだろう。日本には緑の水田が広がっている。しかし、近年は農地の宅地化が進んで水田の面積はどんどん縮小しているし、また水田耕作がおこなわれる以前の縄文時代には、水田が広がる「日本的風景」はどこにもなく、森林の間に雑穀が植えられていた。[24] 森林でも今の日本の森林はほとんどが杉、ヒノキの植林山だが、昔は照葉樹林かブナ林だった。おそらく歴史的変遷をそれほど受けていないのはシベリアのタイガや、ミクロネシアの熱帯雨林ぐらいだろう。東南アジアのモンスーン地帯でも、今はゴムやアブラヤシのプランテーションが延々と続いている。[25]

風土も歴史的な変遷の影響を受けている。しかしそれでもなおかつ、神話はそれぞれの風土に根ざしている。場合によっては神話が語られたころの風土は今はないかもしれない。また植林の神話のように変遷そのものを物語る神話もあるだろう。今の風土から過去の神話を跡づけることは難しいかもしれない。しかしそれならそれでいいのである。神話は事件の報道ではないが、ひとつの時代の証言なのである。地中海岸の森林をむさぼり喰っていたヤギの神話もあるかもしれない。ギリシア神話では幼子ゼウスに乳を与

マレーシア・サバ州に広がるアブラヤシのプランテーション

えたヤギのような神話があって、ある時代にはいたるところにヤギがいた風土をその神話は物語っているのかもしれない。

そしてロムルスとレムスの神話がくる。そこでは捨て子の兄弟は牝狼によって育てられる。地中海岸の岩山ではヤギがいた。かなり北に上がったローマ近郊ではもはやヤギではなく、むしろ森林地帯に棲む狼があらわれるのである。それももちろん、その時代だけのことで、都市化が進んでくれば、狼の生息域はどんどん狭められてくるだろう。それでもローマ建国時代には、そこは狼の棲む森に隣接した地帯だったのである。狼は今はイタリアでは絶滅したが、長い歴史の間、人間が狼に化けるという人狼伝承が語り伝えられてきた。ヨーロッパは歴史的には狼が走り回る森林地帯だったのである。[26] 狼ばかりではない。山岳地帯には熊がいた。神話ではライオンも登場する。

ここではまず、ギリシア、エジプトなどの大神話におけ

ニコラ・プッサン《ヤギの乳で育てられるゼウス》ベルリン絵画館

る神話と風土について概観する。日本以外はみな紀元前数世紀のうちに形成された神話である。その後は諸帝国の興亡を繰り返したところで、風土的にもその後の変化の激しいところとみられるが、国体はなんとか維持されてきた。そして古代神話がその基盤となってきたところである。

## 一、日本神話

スサノヲは尻の毛を抜いて槇にしたというところは、高天原を追われて新羅に下り、そこから埴土をもって舟をつくって出雲にやってきたときの話で、「浮宝あらずば、未だよからじ」といって「すなわち髭をぬきて放つ。即ち杉になる。又、胸の毛を抜き放つ。是檜になる。尻の毛は是、槇になる。眉の毛は是楠になる」。そしてそれぞれの木の用途も定めた。杉と楠は舟にし、檜は宮づくりに用い、などである。そしてそのあとで、スサノヲの子のイタケルが「木種を分布す」とある。これはイタケルがスサノヲに従って天下ってきたときにもってきたものだが、一旦降臨した韓国には植えず、すべてもちきたって、大八洲にまいて「青山になさずということ莫し」とある。[27]

スサノヲはもとより海原を治めるはずであった。しかし妣の国である根之堅州国に行きたいといって、そのとおりになった。[28] 根之堅州国とは死者の国であり、また木の根の国でもあろう。[29] 彼は熊成峰に行って、そこから根之堅州国に入ったという。のちにオホナムチも木の国の大屋彦のところから根之堅州国に入っている。紀州、熊野の奥にある国であろう。かならずしも地下の国とは限らないようで、根之堅州国を地下の国と明示しているテクストはない。地下であれ、地上であれ、木がうっそうと茂る土地の奥地である。木を植えた神の住まいにふさわしいところであり、と同時にイザナミが住んでいるところでもあれば死の国でもあろう。[30] もっともスサノオが行ったときにはそこにはイザナミはいなかった。常世へ去ったあとと思われる。

この根之堅州国については、オホナムチが訪れて各種の試練を課されるところで、その住まいや「野」についての記述がある。とくにスサノヲが鏑矢を放ってオホナムチがそれを取りにいったとき、スサノヲがその野に火を放ったところが注目されるだろう。[31] 野焼きの風俗である。森を切り拓いて焼き畑にしているのである。オホナムチは火に囲まれたが、そこへネズミがあらわれて、「内はほらほら、外はすぶすぶ」といって、ネズミの国へ案内する。野鼠やウサギが穴を掘って棲んでいる野である。[32] 同じような野焼きの場面がヤマトタケルの物語でも出てくるがそこではネズミの世界は登場しない。ネズミの穴をオホナムチが通ってネズミの国へ行くというのは、昔話の「おむすびころりん」でも出てくる話で、小さな穴に大きな人間が入り込むというのは神話の論理では少しも問題ではないが、地下のネズミの国がひろびろとした豊穣の国であるというのは東西に共通する想像である。ヨーロッパでも地下には妖精の国があって、富がたくわえられている。根之堅州国が地下であれば、その地下世界にさらにネズミの国という地下世界が二重にあることになるが、蛇の室、蜂の室などと同じく、狭い穴から入り込んだ地下世界にさらに狭い幽閉空間があるのであり、試練が続けばさらに深い穴に入り込まねばならないと思われる。これは再生のための胎内くぐりである。入り口は狭く、なかはゆったりとしている。もっともここから出るときには窮屈な穴から勢いよく飛び出してくるのであり、開放感あるいは飛翔感が感じられるはずである。[33]狭い穴から入り込んで、光溢れる野に飛び出す。夢の世界と同じ構造である。神話時代をアボリジニは「夢の時」という。

のちに大国主とともに国づくりに励んだ少名毘古那が、書紀では「熊野の御埼にいたりて、遂に常世の国に適しぬ」というので熊野は常世にもっとも近いところでもあろう。[34]この場合、暗く閉ざされた国というイメージのある熊野からひろびろとした海原に抜け出るのである。別伝では淡路島で粟の茎に登ってはじかれて飛んで行くとなっている。閉鎖空間から開放空間への飛翔である。アマテラスが鎮座した伊勢の浜にも常世波が打ち寄せるというので、伊勢から熊野の先までの海岸線のむこうに常世があるとみなされたようである。[35]日本はどこの地点でも、海に囲まれていたが、そのなかでも伊勢から熊野までの海岸線が常世に近かった。常世を神々の原郷とすれば、沖縄のニライカナイなどは南の海の果てと一般には想像されるが、伊勢に打ち寄せる常世波は東の方からやってくるようである。この常世のありかはこれ以上はきわめがたいが、海に囲まれた風土で、神が常世へ去るときには岬の突端に行くようなところであったのは確かであろう。谷川健一はニライカナイへ行く前に死者が一時逗留する「青《おう》の島」を想像する。

伊勢の海については、猿田彦と夫婦神となったウズメノミコトが伊勢の浜辺で海中の魚類を呼び集めて天皇に捧げる饗を定めたとあり、山の幸より海の幸を主として食べていた民族であることがうかがわれる。牛肉を常食としていたヨーロッパ、豚肉を主に食べていた東南アジアに対して、魚が常食だったのである。これは島国や沿海部の国では当然のことのようであるが、ポリネシアなどでも少なくとも神に捧げる犠牲は豚だったし、地中海世界でも神への犠牲は魚よりは牛や鹿であったことと比較して、日本が魚食文化の国であったことは注目していいことだろう。[36]

しかし魚食といっても沿岸で捕れる魚を捕っていたのであり、遠洋漁業をする民族ではなかったし、バイキングのように海外へ乗り出してゆく民族でもなかった。倭寇が中国の沿海部を荒らし回った歴史もあるが、神話時代においては島国のなかにとどまっていた。本来は海を渡ってきた海洋民が最初の日本人のうちの大きな部分を占めていたかと思われるが、彼らは日本にたどりつくと舟を焼いて内陸へ分け入ったようである。それについては「枯野という舟」の神話がある。朝日夕日をいっぱいに浴びる大木があり、それを切り倒して「枯野という舟」をつくったというのは、まさに丸木舟をつくる海洋民族の本性のように思えるが[37]、その舟を何に使っていたかというと、淡路島へ水を汲みにゆくのに使っていたといい、その舟が老朽化するとこれを燃して塩をつくるのに使い、燃え残りは琴をつくるのに使った。するとその琴の音は限りなく美しかったというのである。古代の日本人は大木を倒して舟をつくっても、それによって海を越えてほかの島に通うのではなく、少し使って古くなると燃して塩をつくるのに使い、燃え残りは琴にする民族だった[38]。

船団をしたてて海外に攻めていったという事績が神話に

兄・海幸の釣り針をなくし途方に暮れていた山幸は、海辺で出会った老人により竜宮へ導かれる（『彦火々出見尊絵巻』福井・明通寺）

述べられていないわけではなく、神功皇后が朝鮮半島に攻めていったことが記されてはいるが、戦の様子は描かれず、新羅の国が皇后の軍をみて怖れて恭順の意をあらわしたので、それで良しとして帰ってきたと書かれている。ここにはサラミスの海戦の壮絶はない。[39]歴史的にも海戦において赫々たる戦果をあげた例は古代においてはないが、そもそも海戦が源平合戦までなかったのである。[40]海軍を整え、海洋国家として威を海外にとどろかせたということはなかった。あえていえば海山の闘争が海幸・山幸の争いにみられ、海洋神の性格をもつ大国主の一族がタケミカヅチの一統に敗れ、同じく海洋民の性格のある神武の兄弟が熊野を回るコースで海底に没したというくらいである。海は滅びの場であって、輝かしい武勲の場ではなかった。海幸も山幸に屈するのである。しかしそれでもそれは海のドラマではあった。山幸はなくした釣り針をさがして海彼の竜宮へ赴くのである。[41]彼が乗った「目無勝間《めなしかつま》」は今もベトナムで使われている竹舟のようなものであったろう。その竜宮から戻るときは一尋《ひとひろ》ワニの背に乗ってくる。[42]海洋世界との交渉は存在した。海に囲まれた日本の風土は高天原神話には反映しなかったが、もと海神であったスサノヲ神話には宗像三女神《むなかたさんじょしん》誕生の説話のように海辺の香りがし、大国主の息子のコトシロヌシは海底へ消え去り、のちにワニになって女のもとへ通う。そして、その系統を引く山幸とウガヤフキアエズの系統の神話には岸辺に打ち寄せる海の轟きが満ち溢れ、アマテラスが鎮座した伊勢には「常世波」が打ち寄せる。[43]日本神話は海洋神話ではないものの浜辺の神話ではある。[44]猿田彦はアザカの浜で貝とたわむれて、海底へ引き込まれる。[45]オホナムチは浜辺の道をたどって八十神のあとをたどってゆく。東国平定にでかけたヤマトタケルの妻オトタチバナヒメは、走水で入水する。浜辺を歩いていた娘がワニ（サメ）に喰われた。いずれも浜辺であり、浜からすぐ先の近海である。その海には魚介が豊富で、カニなども手で拾えるほどであった。これは和辻が「まずしい海」とみた地中海との違いであろう。地中海は食料供給地であるより交通路だった。日本の海は海外との交易や、交戦の場であるより、浜辺の住民に食料を供給する「畑」であった[20]。

そしてその海に囲まれた「芦原中国《あしはらのなかつくに》」はどのような風土であったかというと、国土の六十四パーセントを山地が占めるという数字にあらわれるように、山がちで、急な谷川がほとばしる土地だが、最初、この国に来住して住みはじめた人々にとっては、葦ばかり生えた「芦原中国」であり、海岸から山際まで、葦原の続く湿潤地であったらしい。山には怖れて登らず、平地で農耕を試みた人々だったのではあるまいか。それについては、記紀に記された「浮かべるあぶらのごとくして、クラゲなすただよえるときに、葦牙《あしかび》のごとく萌えあがるものによりてなりませる神」ウマシアシカビヒコジ、そしてその前後に生まれた、どこからどうやって生まれたかわからない天の常立、国の常立も含めて、これを成長が早く、生命力にあふれた葦神そのものとする考えが守屋俊彦によって提出されているのは注目すべきことであろうと思われる。はじめに湿原に葦が生まれ、それが天地を押し開ける巨大な神になったのだという想像は世界神話の文脈では決しておかしくはない。少なくとも日本は原初、葦原の国だったのである。それがその後、稲田に変わったが、水田が山際まで伸び広がる風景は太古の葦原の風景と基本的には異ならないものだったのではないだろうか。もちろんその間に焼き畑の時代などを挟み、変遷はあったし、今日では水田の面積も減少したが、それでも海浜に松林があり、その先は山際まで水田が広がり、丘陵部には茶畑が続き、その上に富士なら富士が聳えているという風景は海外の旅行者にとって典型的な日本の「風景」に違いない[21]。

富士の麓に広がる茶畑

## 二、ギリシア神話

海に囲まれているということではギリシアも日本と似たりよったりだが、その風土はかなり異なっている。まず地中海気候で、モンスーン型ではない。また、クレタ、ロードスなどの島嶼部では白い岩山が露出しているが、テッサロニキより北部の後背地では豊かな森林を抱えた山岳地帯が広がっている。山岳といっても神々の座オリュンポスが高いくらいで、二九一七メートルである。大部分の山地は二〇〇〇メートル以下で、樹林帯である。ギリシア全体では三十一パーセントほどの森林率を誇り、これはヨーロッパ全体の平均より少し高い。その山地でギリシア人たちは狩りをした。狩猟獣として主なものは鹿と猪だろう。[48] アルテミスが彼女への祭儀を怠ったといって、罰として大猪を放った話が、カリュドンの猪の神話である。これを狩りた

テッサリア地方に聳えるギリシアの最高峰オリュンポス山

てるのにギリシア中の勇士が集まった。しかし一番矢は女傑アタランテの放った矢だった。ついでそれを仕留めたのはメレアグロスだったが、彼は仕留めた猪をアタランテに与えた。それを巡って、女には一番矢の栄誉は与えられないと異議を唱える者があり、大騒ぎになって、乱闘の間にメレアグロスは母方の叔父たちを殺してしまった。それを聞いた母親のアルタイアーは、メレアグロスの生命が宿っていた薪を火にくべて、息子を死なせてしまった。彼が生まれたときに、暖炉で燃えていたその薪が燃え尽きたら彼の命が尽きると予言されていたので、燃え尽きる前に火を消して、大事にしまっていたのである。アタランテの方は、男の子が欲しかった父親が、生まれたのが女の子だったので腹を立てて山へ捨てたのを熊が育てた野生児だった。のちに狩人に引き取られたが、いつまでたっても野生が抜けず、狩りを好んで山野を駆け巡っていた。結婚話になど当然耳をかさないものの、両親がうるさく言うので仕方なしに自分と競走をして勝ったものの嫁になると言っていた。そこでヒッポメネスが策略を考えて、黄金のリンゴをもって競走して、彼女が抜きそうになったところで、そのリンゴを彼女の足元に投げて、アタランテがそれに気をとられているすきに勝ちを収めた。

アルテミスは狩りの神で、処女の誓いを立てたニンフたちを従えて、山野を駆け巡って狩りをすることを好んだ。狩りで疲れたあとは、森のなかの泉で水浴をして汗を流すのだった。もちろん深い森のなかの秘密の泉である。そこ

ヘラルト・ファン・ホントホルスト
《メレアグロスとアタランテ》1632年
ポツダム、サンスーシ絵画館

へあるときアクタイオンが鹿を追ってやってきて、偶然、女神の裸身を見てしまった。女神はとっさに泉の水を投げかけて、鹿になれと叫んだ。女神の裸を見たなどと言うことができないようにという呪いである。女神としてはそれ以上の罰を与えたつもりはなかったが、目の前に鹿があらわれたのを見たアクタイオンの犬たちは、格好の獲物だとばかりその鹿に襲いかかって、これを主人のアクタイオンとは知らずに八つ裂きにしてしまった。女神とニンフたち以外だれも見ていない森のなかの悲劇だった。エーゲ海の白い岩肌の島を見ているだけでは、人の目の届かない深い森があって、そこで女神が水浴をしているなどということは想像もつかないが、ギリシアでも内陸には山々が続き、深い森があったのである[49]。

その森で狩りをしていた女神にはニンフたちが付き従っていた。そのなかのひとりカリストはあるときゼウスの目にとまって神と交わって、神の子を宿した。それを女神アルテミスは見逃さなかった。処女神は自分が男を遠ざけて

ジュゼッペ・チェーザリ《アルテミスとアクタイオン》
1602-03 年頃、ブダペスト国立西洋美術館

いるだけではなく、ニンフたちにも男と交わることを固く禁じていた。カリストは女神の怒りにふれて、熊になった。ゼウスによって孕んだ子はカリストが熊になる前か、熊になったあとか、いずれにしても無事生まれて立派に成人し、森の狩りを好んでいた。[50] このアルカスがあるとき、牝熊をみつけて、必殺の矢を射ようとした。熊は彼の母親だった。これを天上から見ていた神々はその親子の悲劇を見て憐れんで親子を星にして天に上げてやった。これが大熊座と小熊座であるという。

ギリシア全土が熊や鹿のいる森林地帯だったわけではない。内陸部は森が多かったが、沿海部、そして島嶼部は岩山が多かった。それでも全くのはげ山ではなかった。ギリシアの地中海側が裸山になったのはヤギのせいとみられる。ヤギは灌木にも登って新芽を食い尽くすのである。ギリシア神話でヤギが出てくる話はゼウスの養育の話である。クロノスはレアーとの間に多くの子供を産んだが、生まれるとすぐに呑み込んでいた。生まれてくる子供によっ

ピーテル・パウル・ルーベンス《デウカリオンとピュラー》
1636年、プラド美術館

て世界の覇権を奪われるという予言があったからである。レアーは最後の子供のとき、これがゼウスだが、石をむつきでくるんで、赤子といつわってクロノスに呑ませた。そしてゼウスをニンフたちにゆだねてイーデー山に隠した。乳母の役はヤギのアマルテイアが引き受けた。このヤギたちがギリシアの島々を裸山にしてしまったのだ。それでもまだ少しは緑があった。そこにゼウスとプロメテウスの葛藤が生じた。プロメテウスは人間の味方をした。ゼウスはその人間たちを一掃しようと大洪水を送った。デウカリオンの洪水というのがこれである。デウカリオンはプロメテウスの子で、プロメテウスがこの子だけは助けようとして、箱舟を作るように言ったのだ。デウカリオンは妻のピュラーとともに舟に乗って洪水を逃れた。しかし洪水が引いたあとの大地は石ころだらけで、人間はひとりもいなかった。そこで人間たちをもう一度つくってもらいたいとデウカリオンは神々に頼んだ。すると、ガイアの骨を背中越しに投げればいいと言われた。大地女神ガイアの骨とはなんだろうと考えたデウカリオンは、地上の石ころこそそれに違いないと思い当たって、石を拾って背中越しに投げた。すると人間たちが生まれていった。[51]それとともに、緑の木々も生え揃っていったのである。ギリシアはある時期には確かに石ころだらけの荒れ地だった。しかし、やがて緑豊かな土地に変わり、荒れ地にも育つブドウや、オリーブが生えてきた。[52]

ブドウの栽培はディオニュソスが教えた。ところが、ブドウ酒づくりを教わったイーカリオスがそれを村人たちにふるまうと、ブドウ酒を飲んだことのない村人たちは酩酊し、それを毒だと思ってイーカリオスを殺してしまった。しかしその後はみんなブドウ酒の功徳を知って日当たりのよい斜面にブドウを栽培するようになった。

オリーブの栽培については、アテナの功績に帰されている。アテナイ市が守護神を決めるとき、アテナとポセイドンに市への贈り物を求めた。ポセイドンは三叉の鉾を大地に突き刺して泉を湧き出させた。アテナはオリーブの木を生えさせた。アテナイ市はオリーブの方をとったのである[53]。その時のオリーブがアクロポリスのアテナ神殿の前に生えていた。このオリーブの木はペルシア人が攻めてきたときに燃されたが、数日後には根株から新しい芽が吹き出した。以来、オリーブは地中海沿岸のいたるところに茂って、オリーブ油のもとになる実を供給した。ノアの洪水で、放たれた鳩がくわえてきたのもオリーブの枝だった。イエスが最後の夜を過ごしたのはオリーブの園（あるいは山）だった。オリーブもブドウも乾燥した荒れ地に育つのである。かくてギリシアは沿岸部にはブドウとオリーブが、少し内陸に近くなると牧草地と麦畑が、そして山岳地帯では森林が形成されていった。森には月桂樹も生えていた。月桂樹についてはダプネが、アポロンを逃れて、つかまりそうになったので神々に祈って月桂樹にしてもらった話がある。また、オリンピックの勝者には月桂樹ではなくオリーブの冠が与えられた。これについては、ペルシア戦争のときに、彼らは何を争って競技をするのかとペルシア王が尋ね、木の小枝だと聞いて、そんなわずかなもののために名誉をかけて争う連中とは到底戦って勝ち目はないと撤兵し

コンスタンティン・ハンセン《アテナとポセイドン》1851年頃

たという話もある。

小麦は穀物神デーメーテールが人々に栽培を教えた。女神は一人娘ペルセポネを冥界の王ハデスに奪われたことを悲しんで各地をさまよった末に、ケレオスの宮廷に身を寄せ、歓待を謝すべく王子デモポンを不死にするよう、火にかざしていたところを王妃メタネイラが見て悲鳴を上げたために、デモポンは不死にはならなかった。そのかわりにもうひとりの王子トリプトレモスに麦の穂を渡し、これをもって世界を巡って、小麦の栽培を広めるようにと言った。[54]

ギリシア神話でもっとも人口に膾炙している話はオデュッセウスの放浪の物語だろう。ギリシア本土を離れたトロイから、故郷イタケを目指すオデュッセウスの旅は一つ目巨人ポリュペモスの島、風の神アイオロスの島、魔女キルケのアイアイエ島、セイレンたちの島、太陽神ヘリオスのトリナキエの島、海の女神カリュプソのオギュギアの島、アルキノオス王の娘ナウシカエーのいたスケリアの島

カルロ・マラッタ《ダプネを追うアポロン》1681年、ベルギー王立美術館

などを十年をかけて経巡った。多島海であるエーゲ海の島巡りである。そこにはギリシア本土とは一色違った風景が展開する。そのどれもが草木の生えない岩だらけの島というわけではない。キルケの島は豊かな植生に恵まれている。そのなかにはキルケの魔法を無力にする神秘な草モリュも生えている。ナウシカエーの島も草地に小川の流れている美しい島だ。ただ、そのどこにも小麦畑は見られなかった。オリーブとブドウは大抵の島にあり、ポリュペモスの目を潰したのもオリーブの杭だった。ただ、スキュラとカリュブデスの難所などで粉々に砕かれた船団の舟を修復、あるいは新たに建造する材木が取れるような木はどこにも生えていなかった。[55]『オデュッセイア』は小アジア、トラキア、エーゲ海、そしてアドリア海のイタケと、ギリシア本土以外のギリシアを経巡っていて、むしろその方がギリシアらしい風土を見せているのかもしれない。

もうひとつはテセウスの旅路で、このクレタ島の怪物を退治した英雄はトロイゼンで成長したあと、父を求めてア

エグロン・ファン・デル・ネール
《スキュラを怪物に変身させるキルケ》
1695 年、アムステルダム国立美術館

テナイへ向かって危険な旅路をたどったのである。[56]彼はエピダウロスの近くで棍棒をもって襲いかかる男を仕留め、棍棒を奪った。ついで、コリントス地峡で、シニスという乱暴者に出会った。シニスは二本の松の木をたわめて、そこに旅人をゆわえつけて、松の木を放し、旅人を引き裂いて喜んでいた。テセウスはシニスを同じように松の木にしばりつけて、彼のからだを引き裂いて先へ進んだ。次はエ

キドナの子供、怪物豚を退治した。メガラでは親知らず子知らずのような海岸の難所で、旅人を海のなかに放り込んでいたスキロンという男を逆に捕まえて、海に放り込んで殺した。最後の目的地に近いエリネオスでは小さなベッドと大きなベッドをもっている男が、旅人を小さすぎるベッドに寝かせると、はみだした手足を切り落とし、大きすぎるベッドのときは、そのベッドに合うように手足を引き伸ばしていたが、これもテセウスは同じようにしてこの男を退治した。テセウスがアテナイへの旅で出会った悪党どもは、それぞれの地形の危険をあらわすものでもあったろう。海岸の崖すれすれに通っている道などそのとおりの難所があちこちにあるのである。また海岸には松の木がよく生えているというのは日本でも同じで、岩山の岩が崩れて海岸に流れてくると、海岸は栄養分のない白砂におおわれるが、そんなところでも生える樹木は松の木だけで、山が荒れると白砂青松の風景が形成されるのである。

テセウスの物語ではパイドラとの葛藤譚もある。パイドラはクレタの王女で、テセウスが捨てたアリアドネの姉妹にあたるが、テセウスにとっては何番目かの妃だった。[57] その前の妃はアマゾンの女王だった。このアマゾネスとの間に生まれたのがヒッポリュトスで、パイドラはこの継子に惚れてしまった。これはおそらくテセウスにも責任があったのだろう。テセウスはアリアドネを捨てたように、さまざまな女に手を出しては捨てて顧みない色好みの英雄だった。パイドラとの夫婦生活も平穏無事なものではなく、テセウスはほかの女に目移りしてパイドラを顧みなかったに違いない。そこで、パイドラは継子のヒッポリュトスに目をつけたのである。しかしヒッポリュトスは狩りの好きなアルテミスの寵児だった。[58] 女嫌いだったのである。継母の口説きにも断固として抵抗した。拒否されたパイドラはそれを恥じて首を吊って死んだが、テセウスにはヒッポリュトスに言い寄られたと嘘の書置きをした。[59] テセウスはそれを信じ、ポセイドンに願ってヒッポリュトスを亡き者にしようとした。そうとは知らぬヒッポリュトスは海辺を戦車に乗って馬を走らせていたが、そこへ、ポセイドンが海の怪物を送り出した。ヒッポリュトスの馬はそれを見て棒立ちになり、戦車は海岸の岩にぶつかって壊れ、ヒッポリュトスは不慮の死をとげた。これも海岸での出来事である。海岸といっても岩がごろごろしている荒磯で、ゆるやかな砂浜の続く海水浴場などとはまるで違った野性的な風景だった。ポセイドンの怪物が暴れ狂う荒海である。テセウス自身もアテナイで市民たちの反乱にあってキュロス島に逃れたが、そこの王に断崖から海に突き落とされて死んだ。ギリシアにはこの不実な色男を突き落とすにふさわしい海岸の絶壁はいくらでもあったのである。[60]

もうひとつ地中海世界の風土を巡歴したのはヘラクレスである。彼は十二功業の第一としてネメアの谷のライオンを退治し、二番目はレルネの沼の怪蛇ヒュドラを退治、次いで、ケリュネイアの鹿[61]、エリュマントスの猪、スチュムパリデスの怪鳥[62]、クレタの牡牛、トラキアの人喰い馬を退治し、その間にはアウゲイアスの牛小屋を掃除し、次はアマゾン国へ行ってそこの女王の帯を取り、世界の西の果て、

アンネ-ルイ・ジロデ・ドゥ・ルーシー-トリオソン《ヒッポリュトスの死》
1611年、フィッツウィリアム美術館

エリュテイアで、[63]ゲリュオンの牛をとらえ、やはり西の果てのヘスペリデスの園のリンゴを盗り、最後は冥界まで行って地獄の番犬ケルベロスをつかまえてきた。そうやって地中海世界をくまなく巡歴した途中では、ゲリュオンの牛の捕獲のあと方向が逆のようだが、スキタイの地を通り、そこで彼の馬をさらった女怪物エキドナと交わって、スキタイ族の始祖となる子を産ませもした。この巡歴と各地での怪物退治は山あり沼あり砂漠ありで『西遊記』の冒険にも匹敵するものといえよう。

ギュスターヴ・モロー
《ヘラクレスとレルネのヒュドラ》
1875 年頃、シカゴ美術館

オリーブ畑が広がる現代ギリシアの風景

## 三、エジプト神話

ブドウもオリーブもないエジプトの砂漠を巡る神話がある。デウカリオンの時のギリシアのようにエジプトでも人々の心がおごり高ぶって、神の怒りに触れるに至った。ほかの地域では神は大洪水を送って人々を滅ぼしたが、エジプトでは太陽神ラーは娘のハトホルにライオン女神セクメトとなって人々をむさぼり喰うように命じた。セクメトは砂漠を疾駆しながら、人間に出会えば、当たるを幸いこれを血祭りにあげ、血に酔いしれた。しかしその殺戮があまりに激しく、地上では怨嗟の声が沸き起こった。ラーも人間を罰するのはもういいだろうと判断して、セクメトを呼び戻そうとした。しかし血に酔いしれるセクメトはその命令をきこうとはしなかった[64]。そこで、知恵ものの猿神トートが派遣された。トートは「ライオンとねずみ」などの面

セクメトを慰撫するトート（エジプト・ダッカ神殿の浮彫）

白い寓話を語るとともに、毎日新鮮な供物が捧げられるナイルの岸辺のテーベの都の楽しい暮らしを縷々と語り聞かせて、セクメトの荒んだ心に望郷の念を呼び起こした。トートはセクメトをナイルの源流の地まで導いた。そこで、セクメトがナイルに飛び込むと、元の優しい牝牛女神ハトホルになったとも、また太陽神の娘としての、太陽の象徴ウジャットになったともいう。[65] トートはそのハトホルを舟に乗せてテーベまで下っていった。それが丁度、乾季が終わり雨季になる時で、増水したナイルはトートとハトホルをテーベまで運んだ。ハトホルが残虐なライオン、セクメトになっていたのが、乾季の終わりに当たっていて、ライオンの猛威は酷熱の太陽の激しさにも相当するものだったとも思われる。あるいは地上に災厄がみなぎる年の境の忌まわしき五日間、エパゴメネーの期間だったとも思われる。[66]

エジプトにはまた「オシリスの芽生え」という儀礼と神話がある。オシリスには乱暴な神セトという兄弟がいた。セトはなんとかオシリスを亡き者にして、人々の尊崇を独り占めしようとしていた。あるとき彼は宴会を催して、オシリスも招いた。その宴会には見事な棺桶が引き出物として用意されていた。エジプトの棺桶は人型になっていて、中にミイラを入れて蓋をするとぴたりと閉まるようになっていた。宴会では、客たちのうちだれか、その棺桶にぴたりと入る人がいたら、その人にその棺桶を進呈しようというのだった。だれもがそれをおもしろがって、試してみたが、だれひとりぴたりと合う者はいなかった。オシリスだけがまだ試していなかった。みんなはオシリスの方を見た。オシリスもなにげなく、棺桶に入ってみた。するとどうだろう。棺桶はぴたりとオシリスの身体に合ったのである。セトが事前にオシリスの寸法を計って、寸法どおりに棺桶を作らせていたのだ。ぴたりとはまる道理で、セトは素早く蓋をした。そして密閉した棺桶をナイルに流してしまった。びっくりした妻のイシスは、棺桶の後を追ってナイルを下った。棺桶はビビュロスの都まで流れていった。[67] そこで、イシスはビビュロス王に願い出て、棺桶をもらい受け、ナイルのデルタに戻って、パピルスの間で、夫を蘇生させた。それをセトが見ていた。イシスがちょっと席を外したすきにセトは、オシリスの身体を奪って、今度こそ二度と生き返らないように十四の部分に切り分けて、各地にばらまいた。そこへ戻ってきたイシスは、なんのこれしきと十四の体をかき集めて、得意の魔術で生命の息を吹き込んだ。ただ、男根だけはみつからなかった。ナイルへ投げ込まれて、魚がそれを呑み込んでしまっていたのだ。イシスはやむをえず、粘土で男根をつくりそれをオシリスの股間に植え付けて、息を吹き込んだ。さらに隼になって、オシリスの身体の上でホバリングをして、翼で生命の風を送った。その結果、男根はむくむくと膨れ上がり、隆々と聳え立った。イシスはころやよしと、もとの女神の姿に戻って、そのオシリスの身体の上におおいかぶさり、息子ホルスを受胎した。この蘇りの神秘を人々は儀礼にして、

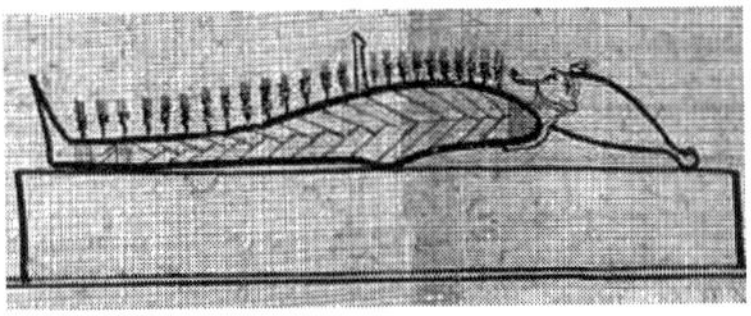

オシリスの芽生え（ジュミラック・パピルスより、ルーヴル美術館）

ちょうどメソポタミアでアドニスの園として[68]、小麦や花々を鉢に播いて、芽生えさせるように、オシリスの身体のかたちに粘土をこね、そこに小麦の種を播いて水をかけ、小麦を芽生えさせてオシリスの蘇りを祝うのだった。

　復活したオシリスはしかしこの世の王となるかわりに、冥界の王となった。ナイルでも東岸は緑の沃野で、夏には小麦が育つのである。セクメトがライオンになって荒れ狂っていたのは、ナイルの上流のヌビア砂漠だった。またオシリスが八つ裂きになって苦難を嘗めていたのも年の境目の禍の季節エパゴメネーの間だったかもしれない。なおハトホルのことを「遠い女神」と呼ぶが、これはテーベから遠いヌビア砂漠を疾駆していたからである。乱暴者のセトもこの上ナイルの酷熱の地を支配していた。

　エジプトにおける自然の脅威は砂漠のライオンのほかにナイルのワニによってもあらわされた。ラーの跡目を決める神々の会議はイシスを外して、ナイルの中の島でおこなわれたが[69]、そこまで行くのはナイルにおびただしく生息するワニのせいで危険きわまりなかった。神々は渡し守の舟

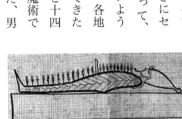

で渡ったが、この舟にはワニの襲撃を防ぐべく特に高い舷側がついていたのかもしれない。どんな舟でもよかったというわけではなかったようである。[70] それだけではなく、神々は渡し守に女性、とりわけイシスを渡してはならないと厳命していた。イシスはその命令をかいくぐって老婆に変装し、さらに渡し守にわいろを握らせて川を渡った。隼の姿にもなれるイシスが渡し舟に執着したのはなぜかわからないが、この会議が禍の時、エパゴメネーの期間におこなわれていたなら、彼女の変身の魔術も使えなかったのかもしれない。いずれにしろ、エパゴメネーの時を過ぎると季節は雨季に入って、やがて、大洪水がやってくることになっていた。エジプトは砂漠の乾燥とナイルの洪水の湿潤とのふたつの過剰に悩まされていたのである。

　しかしエジプトはナイルの賜物である。そこでは大洪水のあと万物創造のときに羊神クヌムは粘土で人間たちをかたちづ

ワニ神ソベクに捧げ物をする王（前1世紀頃の浮彫、ウォルターズ美術館）

19世紀初めに起きたナイル川の氾濫（1830年に出版された旅行記の挿絵）

くり、それを蛙女神ヘケットが息を吹き込んで生命を与えたのである。

ナイルの河口のデルタにはパピルス（カミガヤツリ）が密生していた。イシスがオシリスの復活の秘儀をおこなったのが、このパピルスの茂みのなかである。なおエジプトのパピルスはかつては葦船の材料にもなり、また紙にもなったが、現在は自生のものは絶滅している。[71]

ナイル川に繁茂するパピルス（マリアンヌ・ノース画、1870 年、王立キュー植物園）

## 四、インド神話

インドというと暑熱の国という印象があるが、ヒマラヤへ行けば山岳気候になる。山麓部は森林が多い。といっても森林率では二三・八二パーセントにしかすぎない。森林がそれほど発達しなかった原因は水不足にある。砂漠気候とモンスーン気候、それに森林気候が混在している。神話ではガンガーの降下がもっとも印象的である。ガンジス川は本来天空の川だったが、サガラ王とその末裔たちの祈願により地上に下ることになった。そのもとは馬供儀をおこなうべく馬を放していたところヤクシャにその馬を奪われてしまった。それを六万人の王子が捜しに行って、最終的に数千メートルも地下へ下ったところで馬を発見するものの、王子たちは火炎風を吹きつけられて灰になってしまう。その王子たちの灰を洗い流して王子たちを成仏させるにはガンジス川の水が必要で、そのためにガンジス川を地上に下すように祈願したのである。

実際のガンジス川はヒマラヤの融雪水をたたえてゆったりと流れるが、ときに洪水を起こすこともある。しかしインド全体ではモンスーン期に一時的に雨が降る以外は乾季にはほとんど降水がなく、水不足に悩んでいるのである。ガンガー降下の神話は水不足神話とみられる。

ガンガーはその後、シャンタヌ王と結ばれて八人の王子を産むが、生まれるとすぐにガンジス川へ流していた。それについては、女神のすることにいっさい容喙してはならないという約束で、王も指をくわえていたのだが、八人目の王子のときにさすがに我慢しきれなくなって、女神が子供を捨てるのを妨げようとした。女神はそのとたんに、わたしのすることに口を出さないという約束でしたね。子供たちは神になるべくガンジスに流していたのです。あなたとの生活もこれまでですと言って天へ戻った。[72]

この話で六万人の王子が馬をみつけた地下数千メートルの地というのは、ヒマラヤ山中の「千尋の谷」ではないか

蛇神ナーガの姿でガンジス川を降下するガンガー
（7世紀、南インド・マハーバリプラムの遺跡浮彫）

と思われる。ヒマラヤでは、山々の標高が八千メートルもあれば、谷底の深みも同じだけ下るのである。ヒマラヤにはまたシヴァの住まいがあり、シヴァの妃パールヴァティは「ヒマラヤの娘」と呼ばれていた。ヒマラヤは神の住まいであるとともに、六万人の王子を一瞬のうちに灰にするような妖魔の棲む谷間でもあったのである。山が天への入り口であるとともにその中へ下れば冥府でもあるというのは中国の泰山の構造でもあった。[23]

　ガンジスの流域の森林地帯には隠者が住み、パンドゥ兄弟たちも隠れ住んだ。インドの森は王城を追われた英雄たちの貴種流離の地だった。ウルセルとモランは彼らの『インド神話』の最初に言う。「インド神話は、入り込むと抜け出すこともできなくなるほどの、うっそうたる茂みにおおわれた密林である。そこに足を踏み入れると日の光は見えず、はっきりした方位を測定することもできなくなってしまう」。これは、「インド神話は、インドの密林で形成された」と言い換えてもいいかもしれない。

インド西部に広がる密林

森のなかに隠れ里のような隠棲所があったとすると、『ラーマーヤナ』のシータ姫がラーヴァナにとらわれていったランカーもかつては海のなかの知られざる楽園ないし牢獄だったろう。スリランカ自体は今はとくに楽園というものでもないが、かつては「インド洋の真珠」だったに違いない。神話の舞台としての島は、その迷路をもってこのランカーとも比較されえたかもしれない。ダイダロスが翼をつけて迷宮を脱出したなら、ハヌマーンも空中を飛んでランカーから脱出する。ランカーへラーマたちが攻め入るには海上の橋を建てなければならなかった。橋ではないが、モン・サン・ミッシェルまで海のなかの道をゆく情景も思い出される。フランスではそのモン・サン・ミッシェルの上空で聖ミカエルと竜とが戦うのである。

ランカーが海中の秘境であったなら、『マハーバーラタ』の最後、パンドゥ兄弟たちが登ってゆく山も異界の山だった。それは登りつめれば死の世界にたどりつく山でそこまでゆくのに何日もかかる秘境である。インド神話ではたえずその背後にヒマラヤの高峰が聳えている。中高度の山地

ランカー島攻撃の準備をするラーマ（19 世紀、スミソニアン協会）

が密林におおわれていれば、その上は岩石のころがるモレーンであり、やがて万年雪の氷河地帯になる。

インドの密林で展開する神話には『シャクンタラー』もある。とある聖仙が激しい苦行をしていた。神々はそれを見て、その苦行によって、自分たちの地位が危殆に瀕するのではないかと怖れ、天女のメーナカーに命じて聖仙を誘惑させた。仙人と天女は「森で長い間、それが一日であるかのように楽しい時を過ごした」（上村勝彦『インド神話』）。そしてシャクンタラーが生まれた。ヒマラヤ山中のマリニー川畔である。子供はほかの仙人に拾われて、森で育った。やがて子供は美しい娘になった。あるとき王が森に狩りにやってきて、シャクンタラーを見て、恋情をおぼえ、その場で交わった。その交わりから子供が生まれた。子供が大きくなると、母親はその子を連れて王宮へ行って、王太子とするように要求した。王は娘を認知せず、退けた。[74] しかしその時、天から声が聞こえ、真実を告げた。この親子認知の場面はのちの文芸作品では複雑に工夫されている。いずれにしても森のなかの愛欲と、奇跡的な生育の物語である。

シャクンタラーの誕生（ラヴィ・ヴァルマ画）

# 五、中国神話

中国では二大河流の黄河と揚子江が大洪水を繰り返してきた。ほかに、河水が海から逆流する海嘯《かいしょう》の見られる銭塘江《せんとうこう》のようなところもあるが、神話では禹《う》が十数年をかけて黄河の洪水を治めた。その難工事を最初に手掛けたのはその父親の鯤《ごん》（鮌、鯀）だったが、鯤は工事に失敗して死を賜った。あるいは熊になって山中に消えたともいう。禹も熊になったと伝えられている。水神が中国では熊だったのである。[75] 禹は竜たちを従えて工事にあたった。彼が開いてから竜門は竜たちが登る登竜門となった。

禹は黄河の河伯から黒石に刻まれた河水の図をもらい、また竜門山の洞穴では伏羲に会って大地の測量をおこなうべき玉簡を与えられた。彼の事業はこの二つによって成就したのである。

禹は洪水を治めるために「天下の万国をあまねく回って歩いた」。東は扶桑、すなわち太陽の出るところまで行った。また「万木が雲集している」ところへも行った。「その頂上へ登ると天にさえ手で触ることができる」山にも登った。

黄河の治水をおこなう禹（後漢時代、徐州漢画像石芸術館）

「黒歯国、鳥谷郷、九尾の狐を生んだ青丘郷にも行った」。「南方は交趾に行った」。灼熱の地にも行ったし、不死の国にも行った。（『中国の神話伝説』。以下同）

そのなかには竜の棲む国もあったろう。竜の話では小康の中興の八代後の孔甲の代にも、雌雄の竜を飼った物語がある。[76] まず彼が狩りに出ると強風が吹いて砂嵐になった。風を避けた家ではちょうど子供が産まれたところであったが、この男の子を王宮へ連れて行ったものの、あるとき強風が吹いて、武器庫が飛ばされ、そこにあった斧が飛んできてこの男の子の足を切ってしまった。黄砂を吹き飛ばす強風は古代にも吹き荒れていたのである。この皇帝は竜を飼うことを好んだが、竜つかいの名人を雇って竜を飼わせていたところ、この竜つかいの名人の言動が気にいらず、その首を切って王城の外の荒野に葬らせたが、その直後に強風が吹いて、山火事がおこった。これも名人の域に達していた竜つかいの鬼魂の祟りであったろう。城外の火事の視察に出掛けた皇帝は車に乗って帰ってくると死んでい

陳容《九龍図》部分、1244 年、ボストン美術館

た。この夏朝の始祖が竜を使って洪水を治めた禹であった。袁珂にいわせれば「禹はもともと竜にほかならず、その治水の事業もまた竜の援助によるところが大であった」。風雨を司る竜をうまく使った禹が立てた王朝を継いだ末裔の孔甲が、竜をよく知らないために竜に取り殺されたのである。

この孔甲の次が桀王で、その宮苑に酒池をつくったので知られているが、彼の後宮の女があるとき突然竜になってその本性をあらわしたが、その後は美姫に化して、王の寵を欲しいままにした。王の臣下には空桑に生まれたので名高い伊尹もいて[77]、竜女の色香に狂う王に諫言をしたが、入れられず、もとの殷の湯王のもとへ帰った。湯王はまもなく、桀を討って、夏を滅ぼした。この殷の湯王は、あるとき七年の干ばつに人々が苦しんだとき、罪があるなら自分こそ犠牲になって雨乞いをしようと薪を積んで火をつけ、その上に立ったが、その途端、地軸を揺るがすような大雨が降りそそいで、犠牲の火を消した。竜王が湯王の至誠を賞したのであろう。

巨大な竜にたとえられる黄河の流れ

　この後だいぶ経って、殷は周の文王の子武王に滅ぼされるが、文王親子の福は太公望との出会いにあった。王はこのとき「鷹や犬を放ちながら、謂水の蟠渓に至った。うっそうと生い茂る森の奥深く、緑色の沼の畔で、銀色の髭の老人」が静かに釣りをしていた。これこそ太公望であった。中国も黄砂の吹き荒れる砂漠ばかりではなく、緑の森もあったのである。その後、武王が殷を攻めたとき、東海君、西海君、北海君、河伯、風伯、雨師がそろって軍を訪れ、戦の助力を約した。東海竜王以下、すべて自然を司る竜族である。かくて、禹以来、竜族の助けを得た者が国を治めたのである。それを言い換えるなら、黄河、揚子江の二大河川をはじめとする大小の河川を治めた者が国を治めたともいえよう。また王を讃えて、その容貌を「竜顔」と言ったりするのもすぐれた治世者に竜の血脈をみる思想だろう。

　川があって山がある。山があって川があるのかもしれない。天の雨は山に降って、そこから平野に流れ下りる。そ

尾形光琳《太公望図》京都国立博物館

の先は海である。[78]中国神話では海はあまり出てこない。山は西の果てに崑崙山があることになっていて、西王母が住んでいる。これを天梯というが、東の泰山にも天門がある。それよりも天へ昇るには建木という木があった。この木は「西南の都広の野にある。そこは天地の中心といわれている。ほんとうにいいところで、百穀が自然に成長し、夏でも冬でも種を播くことができ、できる米、黍、豆、麦は白く滑らかで、まるで上等の脂肪のようである。（……）鳳凰が踊りを舞い、さまざまな鳥や獣が集まり、草木が冬でも夏でも青々としている」と袁珂は言っている。「地上の楽園ということができる」そうである。「現在の四川省成都市」のことだともいう。[79]楽園であるというのはそれはそれでいいのだが、その木が天に達しているのかどうかということになると大いに疑問である。天梯についていえば、昔は人がそれをつたって天と地を往復していたが、そのうちうるさくなって、その道が閉ざされてしまったともどこかで書いてあった。この建木も、立派な木らしいが、これをつたって天へゆくことはできそうにない。そうではなくて、「天地の中央に位置している」。その形は奇妙である。「細くて長い幹の先端が端然と天空に突き刺さり、幹にはまったく枝が生えておらず、先端に曲がりくねった枝が何本かあって、ぐるぐる巻いて天蓋のようになっている」。確かに奇妙である。これを登って天にゆくのはだれでもではなく、天帝に限られる。しかし枝がないというので、どうやって登るのだろうと思う。天帝なるものが猿のようにこの木にしがみついている様子は思うだに滑稽である。しかし、かつて登った天帝には伏羲がいたという。人面蛇身の神である。蛇なら枝のない幹でもぐるぐると這い上ることができるだろう。

　その建木の近くに巴国がある。そこは「俗塵から遠く離れ、すがすがしく広大で、仙境のようである」。そこに伏羲の末裔である廩君が治める国がある。それが巴国である。巴国の一族は新しい土地を求めて川を下っていった。川は断崖絶壁の間を流れていたが、そこを過ぎると眺望が開け、そこから石段を上がると「広大で肥沃な原野が広がっていた」。そこには「緑の草が生い茂り、大木が天をついて並び、美しい花が燦然と咲き誇り、草木の間を様々な小鳥が飛び交い、小さな動物が走り回っており、まことに住むのに理想的なところであった」。広大な中国は黄砂の砂漠だけではない。このような理想郷もあるのである。少なくとも神話は理想郷を描き出した。

それと同時に中国神話は暴風雨や炎熱など大自然の脅威を具現した神話を残した。黄帝と蚩尤《しゆう》の涿鹿《たくろ》の戦いである。両軍とも雨師や風師を動員して暴風雨を送るとおもうと、雷鳴をとどろかし、濃霧で敵を包囲すると、磁石を使った指南車でそれを突破したりした。最後は応竜が黄帝側について、空中から蚩尤軍を攻撃して撃破したが、応竜はために邪気に染まって二度と天に昇ることができなくなり、「南方の山沢に」逼塞するようになった。おかげで、南中国には雨が多く、北方は日照りに悩まされるようになったという。しかしこの暴風雨と炎熱との戦いは北欧のラグナロクのような世界の終末を思わせるものである。

中国神話では地獄信仰も忘れられない。仏教の導入以前から道教の地獄観があった。ギリシアにタルタロスがあったように、中国にも地獄があった。さらにそこにはギリシアと同じような死者の裁きの思想もみられた。

道教で人の生死を司り、死者の生前の行為の善悪を裁く神として信仰された「泰山府君」

## 六、ケルト神話

ケルト民族の神話は大陸を移動している間タラニスやケルヌンノスほかの神々を巡って豊かな展開をみせたと思われるが、記録に残されず、考古学遺品によって推測するだけである。それに対して「島のケルト」は、ク・ホリンらの英雄神話を中心として書物によっても残されて、それぞれの土地の風土に合わせた展開をした。

### アイルランド

『アイルランド地誌』によるとノアの孫娘カエサラが「まだ人の住まない西の果ての島々に船で逃げようとしてやってきた」という。その後、大洪水から三百年後、「ヤペテの血を引くセラの息子パルソラヌスが三人の息子」とともにやってきたという。「ブリタニアとアイルランド間の海に聳える非常に高いスリーヴ・スランガ山は次男の名に由来している」。

そして三番目にはスキティアから、四番目を省いて五番目にはヒスパニアから移民がやってきたというが、あとの二つはある程度、史実に拠っているかもしれない。アイルランドにイベリア半島からの移民がやってきたというのは、いつの時代かはともかく、事実だったようだ。のちにはバイキングもやってくる。オークニー島やシェットランド諸島はほとんどノルウエー人が植民したという。大西洋の南北間の人々の交流はかなり密だったようだ。その場合、北の寒冷の地からアイルランドにやってくるのは、温暖の地を求めてのことと理解できるが、より南のイベリア半島から北へ上ってくるのはどういう理由によるのかわからない。しかしのちのトラファルガーの戦いにみるように、スペインはたえずイギリスと戦っており、機会あれば、ブリテン島を征服しようとしていたと思われる。太平洋のポリネシアの島々の間にカヌーによる移民や交流があったように、大西洋でも、南北間の交流があったのである。そうやって各地からやってきた人々によって形成されたアイルランド人は『アイルランド地誌』によれば、「ひげや服装や暮らしぶりは野蛮であり」、「裸で無防備のまま」戦争に赴く。農耕を拒み、牧畜に執着している。

アイルランドと東西南北の海との関係については、「リールの子供たち」の話がある。リールの四人の子供たちは、ある日、継母の馬車に乗せられて、シャノンへ向かって走り、とある寂しい森で止められた。そこで殺されることになっていたのである。しかし、子供たちを殺せという命令に家来は反対した。そこで女王はデラヴァラの湖まで馬車を走らせ、そこで、子供たちに水浴をさせた。子供たちが裸になると、女王は怖ろしい呪いを口にした。三百年をその湖で白鳥として過ごし、次の三百年をエリンとアルバの間のモイルの海で過ごし、最後の三百年を西の海のグローラの島で過ごすのだ。その九百年を過ぎれば白鳥の姿から人間に戻れるのである。アイルランドにとって海、とくに北と西の海は流謫の地だったのである。

リールの子供たち
（ストラットン『神話の本』挿絵、1915 年）

アイルランドの森にはまた人狼が出た。『アイルランド地誌』はその出会いを語っている。アルスターからミーズへ行く途中の聖職者がとある森で野宿をしたとき、二頭の狼がやってきて人間の言葉で語りかけたのである。この「人間の言葉」がどこの言葉なのか定かではないが、狼はこう言った。「われわれはオソリの出身です。そこでは七年間、とある聖職者……、つまり修道院長ナタリスという方の呪詛によって、男女二人が人間の姿を失い故郷から離れるように強いられます。人間のかたちを完全に捨てて、オオカミの姿になるのです。七年経ってもし生き延びていたら、別の二人が同じようにして彼らに替わり、元の二人は故郷に帰ってもとに戻ります」。狼は連れの牝狼を指して、病気で死にかかっていて、最後の聖体拝領をしたいというのだった。

アイルランドの伝承は島の地形に結び付いている。「神々の母」であるアヌは「大地と同じ」であり、ケリー州の二子山は「アヌの乳首」と呼ばれている。確かにそれは女神のまろやかな乳房のように見える。カンブレンシスの『アイルランド地誌』によると、「アイルランドは平坦ではなく山がちである」とある。雨が多く、「森や沼が多い」。

アイルランドではゆるやかな丘が穏やかな風土を支えている。プウィルが彼岸の女神リアノンに出会ったのもそんな丘陵地帯である。その丘は墳墓でもある。プウィルはあるときその丘陵地帯で狩りをしていた。そこへ白馬に乗った美しい女性がやってくる。王はそのあとを追わせた。し

アイルランド・ケリー州にある「アヌの乳首」と呼ばれるなだらかな山

かしどんな駿馬も女の馬には追いつかない。それが三日繰り返された。三日目、王は家来に白馬を追わせるかわりにみずから女に声をかけた。女はリアノンと名乗り、王の妃となることを承知した。伝承ではリアノンがあらわれるまえに白鳥、あるいは渡り鳥の群れがやってきた。リアノンは馬女神であるとともに白鳥たちの女王でもあった。物語の舞台には冬に北国から白鳥が渡ってくるのだった。

やがてリアノンが産んだ子供は怪物にさらわれ、リアノンは生まれた子供を殺した嫌疑をかけられた。さらわれた子供はしかし数年後にそうと知らずに養育していた者の手でプウィルのもとに返された。これはアイルランドの話ではなく、ウエールズのものだが、ヨーロッパ各地に似たような話がある。異界の女は王との間にもうけた子供をさらわれ、かわりに犬の子を産んだとそしられる。あるいはリアノンのようにその子を食べたとさえ讒言される。子供は森へ捨てられて隠者に拾われて育っているが、白鳥女神の子であって、首に金の鎖を巻き、それを取ると白鳥になった。女神、あるいは妖精を憎む王の母后は子供たちの首の金の鎖を奪って、子供たちを白鳥に変身させてしまう。妖精の方は犬の子を産んだ犬女として、地面に埋められ、犬の餌を与えられているが、やがて、白鳥の王子たちがやってきて真相が分かり、妖精の苦難も終わりを迎える。[80]

白鳥が飛んでくる丘陵地では牧草が生え、牛が飼われた。なかでも「クーリーの赤牛」はその大きいこと、力の強いことで有名だった。あるときコノートの女王メイヴは、夫と財産比べをした。夫婦の財産はほぼ拮抗していたが、ただ夫の側にはすばらしい牡牛がいて、これに匹敵するものは隣国アルスターのクーリーにいる赤牛だけだった。女王はその赤牛を何としてでも手に入れたいと思って、最後は七年にわたる戦になった。この戦いではアルスターの英雄ク・ホリンも死に、牛も死んだ。牛のために国の命運をかけて争うのは、牛文化であるインド・ヨーロッパの特徴でもあろう。

ヘルメスが生まれてすぐにアポロンの牛を奪って大騒ぎになったことも思い出される。[81]『オデュッセイア』でも、オデュッセウスの部下が太陽の神ヘリオスの牛を殺して食べてしまったために苦難に陥った。北欧でもオーディンたちが旅に出て、牛の群れをみつけてそのうちの一頭を奪って焼いて食べようとしたのが、巨人族との戦いの始まりだった。[82] インド・ヨーロッパ社会、そしてアフリカでも、牛は財産であり、花嫁をもらうときの結納にもなり、人を殺したときの償いにもなった。そもそも北欧では原初の氷原に一頭の牝牛アウズムラが生まれて、その乳を吸って人類が育ったのである。エジプトでは女神のハトホルは牝牛だったし、天空の女神ヌーンも牝牛だった。

　ヨーロッパの牧畜民たちは牛を飼うために森を切り拓いて、牧草の生えた丘陵地帯にした。アイルランドの「アヌの乳首」ももとは木の茂った森だったかもしれない。それを牛を飼うために切り拓いた可能性は否定できない。

　森を切り拓くと大地の保水力が弱まって河川が荒れる。ボインという女神があるとき泉の上のハシバミの実を取ろうとしたところ、突然、泉の水が吹き出してきて、激流となって女神をさらっていって、あとは女神の名をとったボイン川（ボエーン川ともいう）ができたという神話も、森林伐採に原因する洪水の神話かもしれない。[83]

フィアナ騎士団の長となったフィン
（ステファン・リード画、1932 年）

　フィアナ騎士団の長、フィンが食べた「知恵の鮭」はその泉にいた鮭だった。フィンはあるとき狩りをしていて一頭の小鹿を捕まえる。小鹿は夜になると美しい妖精サヴァになる。フィンとサヴァは結ばれて幸せな日々を送っているが、そこへ北方の敵が攻めてくる。フィンは敵を迎えて七日の間戦って凱旋するが、城にはサヴァの姿はない。彼女を追いかける妖精が彼女を再びさらっていったのだ。サヴァのことがひとときも忘れられないフィンは七年の間、うつうつと心楽しまぬ日々を送っていたが、ある日、狩りのさなかに不思議な子供をみつける。森のなかで育てられたサヴァの子供である。「たくさんの緑に囲まれた崖の聳える谷間に、深い洞穴があって、そのなかで楽しく暮らしていた」という。子供はオシーンと名付けられてフィンに育てられる。この物語の舞台はアイルランドの森だった。森のなかに崖があって、崖には洞穴があり、そこに妖精たちが棲んでいる。[84]

妖精たちはまた常若の国《ティル・ナ・ノグ》にも棲んでいて、ある日白馬に乗ってあらわれた妖精はオシーンをその常若の国へ導く。「その国は若さの国。太陽の光輝く喜びと楽しさの国、金銀や宝石に溢れ、蜂蜜と酒も絶えることなく、木々には果実がたわわに実り、緑の枝には花々が咲き乱れている国」である（井村君江『ケルトの神話』）。そこへは馬に乗ったまま海を渡ってゆく。アイルランドとスコットランドの北方にはシェットランド諸島などの島々が散らばっているが、北の島には、常若のイメージはそぐわない。アイルランドへ渡ってきたケルト人たちのなかにはスペインから来た人々もいた。スペインの方なら、海のかなたに常若の国があっても不思議はない。あるいはその先のアフリカの沿岸のどこかの島かもしれない。いや、沖縄のニライカナイと同じく、ケルトの「常若の国」も現実の地図の上に探すことはできないに違いない。それでも、大西洋を南に下れば花咲き乱れ、黄金の果実がたわわに実る島がないわけではない。セネガルの沖合のカーボヴェルテなどもそのひとつかもしれない。太平洋に「天国に一番近い島」（バヌアツ）があるように、大西洋にも「常若の国」があるのである。

アイルランド、スコットランド、ウエールズのケルト人にとって、「島」は彼らの領域でもあれば、海のかなたの楽土でもあった。彼らの「島」のなかにはまだ牧草地のために開墾されていない森も残っていた。トリスタンの物語は小舟にゆられて行く海のかなたの「島」と、マルク王の宮廷を逃れて隠れ住む「森」の二極の間で進行する。「島」には人身御供を要求する怪物やドラゴンが棲んでいた。「森」の隠れ家はたえずマルク王が彼らを探しに来る危険な領域だった。ケリドンの森は熱帯雨林のような密林ではなく、木と木の間がすかすかの疎林だった。マルク王が彼らの隠れ家をみつけるのは簡単だった。しかし寝ているふたりの間には抜身の剣が置かれていた。マルク王はふたりの関係が清らかなものと思って宮廷へ帰っていった。トリスタンとイズー（イゾルデ）の森の生活は実際は必ずしもきれいごとだけではなかった。

森の中では風呂にも入れず、着の身着のままで、逃亡生活が長引けば泥だらけになっていた。それに食べるものにも事欠いて、何が不自由と言ってパンがないことくらい不自由なことはないと慨嘆するくらいだった。唯一の食料はトリスタンが弓で仕留める鳥獣だけだったが、それを料理しようにも調味料も塩さえもなかった。それに、一日獲物を追っても鳥一羽捕れないこともあった。そんな時は、何も食べずに着の身着のまま、剣を外しただけで、苔の寝床に倒れるように寝込むのだった。それを見て、ふたりの関係が清いものと思ったマルク王の判断はむしろ滑稽なものだった。森の生活の不自由さは次の機会にはイズーをして宮廷へ帰る決心をさせるのだった。ヨーロッパの森は多くは狩猟林で、木と木の間は間隔があって、そこを馬車でも走らせることができるくらい

船上のトリスタンとイゾルデ
（ジョン・ダンカン画、1912 年）

森の中のトリスタンとイゾルデ
（ガストン・ビュシエール画）

だった。オークの大木にうろでも開いていれば、そのなかに潜むことはできたが、それはジョルジュ・サンドの書いた「ものいう樫の木」の場合で、トリスタンの場合ではなかった。[85]

## ウエールズ

飯田正美の『イギリス伝説紀行』には、オークニーの「あざらし女房」などイギリス各地の伝承が紹介されているが、その一つにウエールズの「ヴァン・ヴァッハ湖の妖精」という異類婚説話がある。若者が湖の妖精と一緒になったが、彼女を三度叩いてはいけなかった。しかし、人間界の約束事にはそぐわない行動をする度に、男は妖精を三度叩いてしまった。ふたりの間はそれきりである。しかし彼らには子供がいて、妖精はこの子供に薬草の知識を与え、子供はそれによって高名な医者になった。その伝承の地を「実際に尋ねると、伝説が土地、風土とどんなに密接に関わっているかがよくわかる」と著者はいっている。

サウスウエールズ州のヴァン・ヴァッハ湖

同じあたりのブレックノック湖でも妖精と結婚した話があるが、こちらは馬の手綱で叩いてはいけないという禁忌が課されている。このあたりの話は文献話としてフランスのロランス・アルフ＝ランクネールの著書でも紹介されている[98]。

## イングランド

『マクベス』のなかの動き出す森は有名だが、それを三人の魔女から予言として聞くくだりは、イギリスの文学の伝統的背景となるヒース原だ。ハリスンは言う「この不毛の荒れ地は、マクベスの犯すあらゆる罪の源泉となる場所だ」。森はもちろん罪の場所だけではなく、アウトローの住処でもあった。時代は下るが、ロビン・フッドの一統が籠もったシャーウッドの森はその典型だろう。イングランドの森もガリアの森と同じく主としてオークの森だった。ゼウスはこの木を依り代としていた。雷がよく落ちるのがその証だと、川崎寿彦は『森のイングランド』でいってい

荒野で3人の魔女と出会ったマクベス（テオドール・シャセリオー画、1855年）

るが、雷がとくにオークに落ちたわけではなく、オークが主な木だったからでしかない。樹高がオークより高い樅が生えていれば樅の方に雷は落ちた。オークはどちらかといえば横に枝を張る木で、樹高はあまり高くなかった。そのオークはしかし、イングランドが海洋帝国になってゆくときには艦船の建造用に次々に切られていった。森の木はもちろん製鉄の燃料でもあった。燃料用木材が石炭に取って代わられるのは十九世紀の産業革命のときまで待たなければならなかった。といっても燃料になったのはオークではなく、楡やブナだった。これは低いところで切っても下から枝が生えてくるのである。この株立ちの楡などをポラードといった。日本でいえば炭焼き木である。[87] イングランドでももちろん木炭をつくった。

　五世紀ローマ人が撤退すると、代わってサクソン人がやってきた。十一世紀にはノルマン人がやってきた。彼らもどちらも「森の人」だった。と同時に森を切り拓いて農園を経営する農民でもあった。森は里山として利用されたのである。

シャーウッドの森のロビン・フッドと仲間たち
（エドモンド・ジョージ・ワーレン画、1859 年）

## スコットランド

スコットランドの異類婚物語はあざらし女房、あざらし婿である。が、冬の神ベーラの物語（『スコットランドの神話伝説』）では、ベーラは緑の島の青春の泉に行って、魔法の水を飲んで、永久に若さを保つのであった。それは常夏の国で「木々は一年中、美しい花をつけているし、果実は一年中枝もたわむばかりに生っていた」。「この島は、大西洋を流れている銀色の潮流の間に間に漂流している浮島であった」。ベーラは毎年「冬の女王として君臨するのもこれが最後という晩に、緑の島を訪れるのであった。真っ暗闇の中にただ一人、ベーラは泉の傍らに座って黎明の来るのを待つのである。そして、東の空に最初のかすかな光線が流れるや否や、彼女は岩の割れ目から湧き出ている清水を掬うて飲んだ」。すると彼女は若返って美しくなるのである。しかし冬になるとまた年老いた姿になる。スコットランドやアイルランドで、「西の方」に青春の島、あるいは常若の島があるという観念はイングランドも含めてこの海域ではかなり普遍的なようである。西というのを南と言い換えれば、アフリカ沿岸の常夏の島が現にあるかもしれない。そうではなくとも南の方から暖かな潮流が巡回してくるのかもしれず、その暖流に乗って魚も寄ってくるし、また渡り鳥も立ち寄るだろうし、南の風も吹いてくるかもしれない。緯度から想像するほど寒く荒涼としたところではなく、少なくとも想像の上では、「西の」海上に常夏の国があるのである。と同時にスコットランドでは年中雪におおわれたハイランドの高山地帯もある。山と海の風土である。[88] 季節も春夏秋冬があり、冬の神ベーラに対しては夏の神アングスがいる。また黒と白、夜と昼の神もいて、毎日争っている。もっと北の方へ行けば、白夜の国もあるが、スコットランドまではそれほどの極北ではない。さらに国土の周辺にも近い島、遠い島が散りばめられている。ただ日本と違うのは台風がなく、梅雨もないことだろう。北海道のような気候だと思ってもいいかもしれない。そこには、海中の国の神話や、死の国の神話もある。王女の病気を治そうとする医者が海中の国へ行って生の盃をもらって、さらに死の国によって生の泉の水を汲んできて王女に飲ませるという話もある。

## 七、西ヨーロッパの神話

ヨーロッパの概念は時代的に変化し、今日では西欧、中欧、東欧、南欧と分けるが、ここでは西ヨーロッパと東ヨーロッパに分けた。しかし神話的にはラテン系、ゲルマン系、スラブ系と分けた方がよかったかもしれない。最後にキリスト教の「神話」を入れたが、砂漠に成立して、ヨーロッパの小麦耕作地帯で定着した宗教で、いかなる土地の風土を映したものかは難しい問題である。

### 北欧神話

北欧神話はゲルマン神話の一分枝だが、十二世紀にスノリ・ストリュルッソンがまとめたときにはアイスランドの伝承が中心になった。そこで喚起された風景も当然アイスランドのものだった。アイスランドは火山島で、島内にはほとんど木が生えず、森林率は〇・五パーセント前後である。そして海には流氷が漂う。火と氷の風土である。そこで描かれた終末の神話ラグナロクは太陽が顔を出さないまま三年の間厳しい冬が続いたあと、炎の国ムスペルヘイムの火の神が進み出て、それと同時に地獄に捕らえられていたフェンリル狼らが地上に飛び出し、ミッドガルドの蛇が津波とともに岸に押し寄せて始まった。氷にとざされた島が火を噴いたのだ。火と氷の地獄である。これはしかしラグナロクという一回切りの最後の光景ではなく、火山が口を開けば常に見られる風景だっただろう。

北欧でもノルウエーやスウェーデンで語られた神話はそれほど過酷な風土はみせていない。まずスウェーデンでもノルウエーでも森林率は六〇〜七〇パーセントを超えていて、森と湖の国といわれる。それでも人々はより温和な気候を求めてバイキングに出掛けた。そして今日では世界有数の富裕国に数えられる。そこで語られるのは、たとえば

アイスランドのエイヤフィヤトラヨークトル氷河

ユグドラシルの葉を食べるヤギのヘイドルン
（18世紀アイスランドの写本）

宇宙樹ユグドラシル
（『スノッリのエッダ』英訳本の挿絵〔1847年〕）

戦場で倒れた戦士が迎えられるヴァルハラ宮殿の神話で、そこでは屋根の上にヤギのヘイドルンがいて、ユグドラシルの葉を食べ、乳房から蜜酒を流している。ヴァルハラの客人たち、エインヘルヤルはその蜜酒を飲み、いくら食べてもすぐ元通りになる猪の肉を食べている。ケルトでも無尽蔵の豚肉があったが、食べ物に不足せず、飢えることのない楽園というのはどこの国でも共通の夢だったろう。それがしかし、この富める北欧では現実のことに近かった。豚はともかく、海ではサケがいくらでも捕れた。ロキやトールが巨人の国へいって食べ比べをする飽食の神話はたとえば砂漠の国では、石油を掘り出すまでは想像もできなかったことに違いない。

北欧ではよく知られているように宇宙樹ユグドラシルがある。一番下に地獄ヘルがあり、その上に人間たちの住まいミッドガルド、さらにその上に神々の住まいアスガルドがある。そのほか、巨人たちの住まいヨーツンヘイムがあり、ユグドラシルの根方にはミミールの泉がある。これは天にまでとどく巨大なトネリコだが、この全体の姿を人間たちがひとつの樹木として、あるいはひとつの風景として見ることができるわけではない。それは世界そのものなので、世界のなかにいる限り、それを外から見ることはできないのである。[89] これは須弥山などでも同じことで、そのなかに住んでいるものにはその全体像は計り知れない。またミッドガルドの足元にあるヘルにしても、人間にはそこへ下りていって死後の様子を見てくることはできない。ミッドガルドとアスガルドの間にはビフロストという橋が架かっているが、ヘイムダールという千里眼、千里耳の神がその入り口を護っていて、人間たちがアスガルドへ行くことは禁じている。ただ、ラタトスクというリスだけが、ユグドラシルの上から下まで駆け巡っている。トネリコはそれほど大きくなる木ではないが、成長は早い。この全体を人は見ることはできないが、信仰の対象としてはこれをシンボライズしたイルミンスルという柱が各地に立っていて、天の支えと考えられている。シャルルマーニュはこれを異教の象徴として打倒した。

## フィンランド

フィンランドの神話は十九世紀にリョンロットが『カレワラ』にまとめるまではまとまったものはなかった。リョンロットの仕事については全体の構成についても、細部の修辞についても彼の手が加わっていて本来の民間の神話とは異なるのではないかという疑いもなきにしもあらずだが、マックファーソンの『オシアン』ほど創作性はなく、それなりに民間伝承に忠実であろうと思われる。[90] ただ民間伝承としてはこれほどまとまった大部なものはなかなか伝わらないであろうと思われる。断片をまとめ上げたのはリョンロットの功績である。リョンロットの潤色は冒頭から疑われるが、その疑いは疑いとして、そこに描かれた風土を瞥見しよう。まずは「水の母」が大海原に浮かんでい

「永遠の吟遊詩人」と呼ばれるワイナミョイネン
（ルドルフ・アケルブロム画、1885 年）

る。その膝のところに鴨がやってきて卵を産み付ける。卵は落ちてくだけ、天と地になった。やがて水の母は長い懐胎の時を経てワイナミョイネンを産み落とした。彼は「屈んでしきりに土に蒔き」「山に蒔いては松の林とし、丘に蒔いては樅の林とし、山野にヒースを生やし、谷間に元気な若木を生やした」。ほかに白樺とハンノキと山桜とネコヤナギとナナカマドと柳とネズと樫を生やした。やがて波のなかから男があらわれて、樫の木を切り倒した。すると空が明るくなって太陽と月が出た。ワイナミョイネンはさらに木を切って畑にし、六つの種を蒔いた。しかし白樺は切らなかった。鳥がやってきてそこにとまるように」。

やがて鍛冶師のイルマリネンが生まれる。「熊が荒れ野からさまよい出た。湿地は狼の足元で、荒れ野は熊の爪先で揺らいだ。そこから鉄の鉱石が露出しそして鋼の塊が生じた狼の足の跡に、熊の踵の下に。鍛冶のイルマリネンが生まれた、生まれそして成長した。彼は炭の山で生まれ、木炭の野で成長した。銅の土を手にもって、小さな火箸を手にもって」。

このあと、章を追って梗概を記す。十一章 レンミンカイネンの登場、十二章 レンミンカイネン、ポホヨラに求婚に出掛ける。難題を課され、最後のトオネラの白鳥狩りで失敗し、死ぬ。しかしレンミンカイネンの母親が蘇生させる。十八章 イルマリネンが求婚する。難題に挑み、乙女を獲得する。花嫁は生まれ育った自然に別れを告げる。「イチゴの生えた土地と森に、花の咲いた小道の脇に、ヒースの生えた荒れ野にも、百の島ある湖にも、石斑魚のいる深い瀬戸にも、樅の生えた良い丘にも、白樺の茂る森の湿地にも」。レンミンカイネンはポホヨラへ押しかけて、決闘で人を殺す。そして「十の海を越えて」とある島に隠れる。三十二章クッレルボ登場、牛の世話をする。そこには牧畜民の生活が描かれる。「わたしは牛を茂みに追いやろう、乳を出すものを草原へ、長い角の獣をポプラの林へ、捩じれた角の獣は白樺林へ」。クレルボはイルマリネンの妻を殺し、放浪の旅に出る。放浪から戻った彼は父母が死んだことを知り、みずからも死んだ。生き残った男たちは舟に乗ってあてどなく流れてゆく。

### ドイツ

ゲルマン神話は北欧神話のもとである。主神ヴォータンはオーディンにほかならない。しかし、ゲルマン神話を育

ライン川に聳えるローレライの岩山（1900 年頃の写真）

んだ風土はスカンディナヴィアのそれでも、ましてやアイスランドのそれでもなかった。エジプトがナイルの賜物なら、ドイツはラインの賜物だった[91]。「しぶきと飛び滝と降り、山を抜け谷あいを駆けるライン千年の流れは、怪物のように聳え立つ巨岩に砕けて悠々と大渦を巻き立てている」（『ドイツの神話伝説』。以下同）。その巨岩こそローレライの岩である。ローレライはバッハラッハの町に住む乙女だった。彼女には遠い戦地に行った恋人がいた。そのために、言い寄る男たちを次々に袖にしていた。それが魔性の女という噂を呼び、司法の裁きを受けることになった。男をたぶらかす魔女という嫌疑である。裁きは難航したが、最後は大僧正（大司教）の発意で、修道院に入れられることになった。そこへ引き立てられてゆく道筋に、このローレライの岩があった。そこまできた娘はとっさに岩の上に駆け上って、そこから身をひるがえし、ラインの藻屑と消えた。もちろん、より人口に膾炙している伝説では、ローレライは舟人を美しい歌で魅了して舵を誤らせ、激流の藻屑とする水妖である。

ローレライの伝説（カール・ヨーゼフ・ベガスの作品〔1835 年〕を基にした絵画）

似たような妖精は「ムンメル湖の水魔」でもある。男を誘って湖に飛び込むニクセである。あるいは呪われた財宝なら「ラインの黄金」である。ジークフリートが手に入れた宝[92]を、ハーゲンがジークフリートを殺して自分の物とし、だれにもわからぬようにラインに沈めたのである。ジークフリートの妃クリームヒルトは復讐を誓って、エッツェル王と再婚し、ブルグンドの宮廷をエッツエルの宮廷へ招いた。ブルグンド方は復讐の炎に燃えるクリームヒルトの手にかかって皆殺しになる。ハーゲンもそのなかにいた。ラインの伝説では「ハットー司教とネズミ」もある。吝嗇《りんしょく》な司教が、飢饉の折にも民衆に食料を分けてやらず、施しを求めてくるものを塔に閉じ込めて火を放ったりしていたが、やがて、ネズミの大群が彼の穀物蔵を襲いにやってきて、ハットーのいるところまでネズミが飛び回るようになった。ハットーは川のなかに塔を建ててそこに避難したが、そこにもネズミが入り込んでハットーを喰い殺したという話である。ラインには妖艶なる裸の美女も出れば、恋人に捨てられた哀れな女の亡霊も出るし、ネズミに喰われた悪人の塔も残る。

「山また山が波打っているラインの渓谷や、その付近の谷あいは、無秩序に流れがちなものとみえて、ずっと昔から凶暴な山賊どもの巣窟となっていた」。そこには、その名を聞けば泣く子もだまる「ラインの強盗団」がいた。あるいは「黒森」もまた山賊の巣窟として名を馳せていた。神話・伝説の時代のドイツは山賊の巣であった。そして山々には鉱脈を探り、岩石を溶かして金や鉄を採り出す小人たちがいた。アルベリッヒ一世、あるいはラウリン[93]と呼ばれた名高い小人の治める王国もあった。彼らが掘り出した鉄は鍛冶屋ヴィーラントが魔剣を鍛える材料となった。ドイツは金属資源に恵まれた山と森の国で、技芸に秀でた鍛冶屋が不思議な道具をつくりだす魔法の国だった。その魔法には変身もあった。森には人狼が駆けた。空には六人の王子が変じた「六羽の白鳥」が飛んだ。王子たちは、魔法の首飾りを身につけている間は人間の姿をしていたが、ひとたびその金鎖を取って湖に水浴すれば白鳥になるのだった。彼らは白鳥妖精とある城の王子との間の子供たちだった。彼らは王子の母后の奸計で鎖を奪われ、白鳥になっていた。しかし彼らには妹がひとりいて、彼女は人間の姿のままだった。彼女が六枚のシャツをひとことも口をきかずに織り上げて、彼らに着せかければ人間の姿に戻った。ただ六人目の王子だけは、シャツが間に合わず白鳥のままとどまった。この白鳥が「白鳥の騎士」の乗る舟を牽くのだった。これはブラバントのブイヨン家の始祖の伝説として伝えられた話につながってゆく[94]。

ブラバントは今のベルギーだが、そこにはフランス名をジュヌヴィエーヴと呼ぶ王妃がいた。王が戦に出掛けていった留守に、家令のゴロがジュヌヴィエーヴ（ドイツ名をゲノファーファという）に言い寄って退けられた。ゴロはその恥辱を隠すために、王妃が彼に言い寄ったと讒言した。王妃は生まれたばかりの幼子とともに森へ捨てられた。牝鹿がやってきて親子に乳を与えた。森の隠者が母子の世話をした。ドイツやベルギーの森には野獣や人狼のほかに魔女や隠者も棲んでいた。捨てられた王女や親指小僧もいた[95]。

白鳥の騎士（オーガスト・フォン・ヘッケル画、1886年）

山には小人も巨人もいた。「昔ハルトの山中の、とある高い峰の上に聳えていた城に、一人の巨人が棲んでいた」。彼は近くの城に住んでいる美女に恋した。女は騎馬競争を申し出た。私を負かしたら、あなたのものになりましょう。アタランテの故事にならったのであろう[38]。女は馬を険しい崖に進めると激流をはるか眼下に望みながら、一気に馬を跳躍させた。「谷を飛ぶ佳人」という物語である。巨人は崖下に滑り落ち、激流に呑まれた。別の物語「不思議な道」では、同じように「高い山の頂に立っている」城に住む美女に恋した若者がこちらでは女の父親から、その城まで道を切り拓け、それも明日までという難題を課され、山の小人たちに助力を頼んで、それを解決する。小人たちは若者が山のなかに潜って白銀をもってゆくのをやめてくれたら、協力しようと言ったのである。この小人たちは山の鉱物師で、道路の掘削などはお手のものなのである。

ライン河畔の古城ストルツェンフェルス（1870 年頃）

## 南ヨーロッパ[97]

ローマの創健者ロムルスはレア・シルヴィアが生んだ双子の片割れだが、生まれるとすぐ遺棄され、狼がやってきて授乳した。[98]母親の名前シルヴィアは、「森の」という意味であり、そのあたりは、いまだ狼が徘徊する森だったのである。その後、ローマ帝国が成立すると、近郊の耕地化が進んでいった。ルクレティウス『自然について』では次のように語られる。「そして日に日に農民たちは森を追い払って、山の方に退却させた。下の方の土地は農耕のために明け渡された。その結果、丘にも平野にも、牧場が生まれ、ため池や流れや穀物や微笑むブドウ畑が生まれ、青灰色のオリーブ畑の帯が、上り、下り、平野を走って、くっきりと山野を分けている」[99]。ローマはその後、帝国の瓦解とともに打ち捨てられ、近郊は再び森の領域になった。そこで、ダンテのころは、これはローマではないが、都会から出て足を伸ばせば周りはどこも森だった。『神曲』は「人生の道の半ばにおいて、私は暗闇の森のなかにいた」という。フランチェスコ・コロンナの『ポリュフィルスの夢』でも物語は主人公が森のなかを彷徨うところから始まる。[100]そこに狼がやってくる。その前、中世のヨーロッパの森は君主、諸侯の狩猟のための御料林だった。庶民はそこに足

ピーテル・パウル・ルーベンス《ロムルスとレムス》
1615年頃、カピトリーノ美術館

を踏み入れることはできなかった。入れば密猟のかどで首吊りになった。そこでは、鹿、猪といった狩猟獣だけではなく、ブナ、オークといった樹木も保護されていた。密猟だけではなく、伐採も禁じられていたのである。騎士物語は森で展開することが多いが、禁猟地も騎士階級には許されていたのである。アリオストの『狂えるオルランド』も『アマディス・デ・ガウラ』も森のなかの物語である。あるいは聖杯の騎士たちも求める聖杯から遠ざけられると気が狂って、裸で、森のなかを駆け回った。あるいはシャルルマーニュの騎士のひとりルノー・ド・モントーバンは皇帝の不興を買って、アルデンヌの森にこもって半ば野人の生活をした。[101] ただしイスラム教徒が占領していたスペインはいささか趣が異なって、アルハンブラ宮にみるごとく、ミルテなどの低灌木が生える以外は森は伐り尽くされてオリーブの林になっており、昼なお暗いうっそうたる森はめったになかった。[102]

「三つのシトロン」も明るい森で展開する昔話である。

スペイン・アルハンブラ宮殿からの眺め
（イシドロ・マリン・ガレス画、1900 年頃）

ギュスターヴ・ドレ画『狂えるオルランド』より

とある王子が泉のほとりになっているシトロンの実を採ってナイフで皮を切ると中から美しい妖精が出てくるが、すぐに水をやらないと消えてしまう。三つ目のシトロンで、やっと水をやることができて、妖精をとどめ、王子の城へ連れてゆくことになるが、その前に、王子は裸の妖精に着せる着物を城へ行って取ってくる。戻ってきてみると妖精の姿はどこにもなく、かわりにみたこともない醜い娘がいる。実は、下女働きの娘がその間に泉に水を汲みにやってきて、妖精に気づき、妖精を泉に突き落として身代わりになっていたのだ。水に突き落とされた妖精は魚になって泳いでいた。身代わりの娘は王子が持ってきた豪華な衣装を身にまとい、花嫁になりすまして城へゆく。王子はその後、もういちど泉に戻って魚をとらえ、城に持って帰って壺に入れて飼ってかわいがっている。偽の花嫁がそれを妬んで、壺を庭へあけて魚を捨てる。魚は鳩になって飛んでゆくが、毎日王子の部屋の窓辺に戻ってきて、歌をうたう。偽の花嫁はその鳩もつかまえて羽をむしって殺してしまう。その血がしたたったところからシトロンが育ってくる。偽の花嫁はその木を切り倒す。そこからまた鳩が飛び立つ。妖精の変身と偽の花嫁の迫害は延々と続く。が最後に王子は鳩の頭にピンが刺さっているのに気づき、ピンを引き抜くと、元の妖精があらわれる。シトロンの実る明るい森のなかに泉があり、王宮がある。シトロンの妖精が魚や小鳥になりながら、王子と愛を語らう。イタリアやスペインの宮殿で、ぐるりにシトロンやオレンジを植えているところがあるが、「シトロンの花咲く南の国」といえば、北の国では憧れのまとだった。それよりもっと南へ行けばシトロンのかわりにナツメヤシになった。北に行けばオークや樅になる。果樹は栗やクルミだが、その前にアーモンドや杏が春先に咲き誇る。[103]

## フランス

フランス固有の神話に蛇女神メリュジーヌの物語がある。物語はまず森の猪狩りから始まる。レモンダンは主君のお供をして狩りに出た。ふたりは獲物を追っているうちにお付きの者たちとはぐれてしまった。日も暮れかかる。そろそろ引き上げようといっているところへ、暴れ猪が主君目がけて突っ込んできた。レモンダンはとっさに投げ槍を投げた。槍は見事に猪に当たったが、不運なことにその槍は猪の体を突き抜けて、主君の身体に刺さってしまった。主君は声をたてるまもなく絶命した。レモンダンは途方にくれた。主君殺しである。そこにそのままいるわけにはいかない。うなだれて彼は森のなかに彷徨い出た。どこかで歌を歌う声が聞こえたようだったが、彼の耳には入らない。ふと目を上げると、それは泉のほとりで、そこには美しい妖精がいた。歌を歌っていたのは彼女である。彼女、メリュジーヌはレモンダンに声をかけた。女性に挨拶もしないで通り過ぎるなんて失礼だわ。どうしたのか話してごらんなさい。いいえ、話すまでもないわ。何が起こったかは知っています。狩りの事故にして始末しましょう。妖精にはなんでもできないことはない。事はそのとおりに片付いた。不慮の死をとげた主君のあとは若君が継いだ。レモンダンの方はメリュジーヌと結婚した。金曜の夜から土曜に

森のなかで誤って主君を殺したレモンダン
（『メリュジーヌ物語』1420年頃の写本、フランス国立図書館）

かけて、彼女の姿を探さないでという条件つきの結婚である。レモンダンは承知した。そして新しい主君の前にまかり出て、鹿一頭の皮で囲めるだけの土地を下されたいと願い出た。これはメリュジーヌの入れ知恵である。願いは即座に許された。あとは鹿を捕まえて、その皮を細く細く切ってゆくだけである。そうやってつくった紐で囲んだ土地は思いも寄らないほど広大なものだった。ただ、だれの手も入っていない森だった。耕地にするには開墾しなければならない。妖精はあっというまに森を切り拓いて、岩を叩くと、そこから泉がほとばしり出た。水の妖精だったのである。荒れ地に水をほとばしり出させることなど何ほどのこともなかった。かくて、豊かな耕地が手に入った。あとは妖精が空を飛んで石を運び、城を建てるだけだ。それもあっというまにでき上がる。レモンダンの家の名前をとったリュジニャンの城だけではなく、ヴーヴァン、メルヴァン、その他の城が次々にできる。耕地もどんどん広がってゆく。水枯れの心配もない。そもそもフランスはセーヌ川、ロワール川、ローヌ川などの川がゆったりと流れる洪積平野で、地下水位が高く、ちょっと井戸を掘れば、水がすぐに吹き出すのだった。それになんといっても水妖精がついているのである。森に囲まれた畑には黄金色の小麦がたわわに実った。石造りの城がその畑地を見下ろしている。これがフランスの原風景である。しかしレモンダンとメリュジーヌの間には金曜の夜から土曜にかけて姿を見てはならないという禁忌が横たわっていた。[104] やがてそれが禍の種となる。[105]

メリュジーヌは「泉の貴婦人」だった。同名の『マビノギ』によると、その泉には銀のたらいがおいてあり、それで水を汲んで大理石の上に水をそそぐと、大雨が降り、黒い騎士がやってきて、激しい戦闘を繰り広げる。その騎士を討ち破ったオーエンは泉の貴婦人と結ばれる。フランスの魔法使いメルランの腰掛石でも、そこに腰をおろすと大雨が降りそそぐ。フランスでは灌漑設備はあまり発達していなかったが、そのかわりに泉が無尽蔵の水を供給していた。フランス、あるいはヨーロッパの一般的な農作物である小麦は蒔いた直後に降雨があればよく、そのあとはとくに灌漑をする必要がなかった。乾燥農業だったのだ。耕地ではむしろ水抜きの溝が掘られていた。滞留する水を抜いて根腐れを防ぐ必要があったのである。小麦畑は水はけのよい高台につくられ、ブドウは日あたりのいい斜面に植えられた。なお、小麦は連作被害を避けるために牧草地や菜種畑と交互に耕作された。三圃制である。

　フランスの森に展開する物語としてはベルト女王の物語がある。ハンガリーの王女ベルトはハンガリーからフランスに輿入れする途中、腹黒いお付きの女に謀られて、その娘とすりかえられてマンの森へ捨てられたのである。その経緯については、数多くの伝承があってどれをとるか迷うところだが、『世界神話伝説大系』に収められた『フランスの伝説』によれば、王女一行はとりあえずパリへ着いて、フランス王ペパンとの婚儀をあげたのち、初夜を過ごすにあたって、王が花嫁をこれまでにも何人もあやめたことがあるとのうわさを巡って、お付きの女と額を寄せ合っての相談の結果、初夜だけはお付きの女の娘を身代わりに立てることにしたのである。それは初夜だけのことで、翌日からは本物の王女が王の伽《とぎ》もつとめることになっていたものの、翌日になると奸計をたくらんだお付きの女の一味が王女をとらえてマンの森へ捨てにゆくことになったのである。初夜の身代わりはニーベルンゲンの物語にも[106]、トリスタンの物語にもあり、民間伝承では繰り返し語られていることで、「血まみれの婚礼」とか「おそろしい初夜」として語られる話の変容とも考えられるし、そもそも「すりかえられた花嫁」は「三つのシトロン」という昔話でも語られた物語である。処女信仰が、初夜の恐怖を呼び起こしてもいたのだろう。領主の初夜権といえば、封建制度における領主権のひとつで、領内で婚礼をあげるものは、初夜を領主に捧げなければならなかったのだが、ベルトの物語はその裏返しでもあったろう。初夜に花嫁を食べてしまう怪物婿の話も東西に繰り返し語られている。

　ただし異本では、王女の輿入れの行列が森にさしかかったとき、すり替わりがおこなわれたように語る場合もあり、そのほうが自然であるかもしれない。王女が用をたしに馬車をおりて茂みに入っている間に、馬車が出てしまったなどという筋書きもありえよう。いずれにしても当時の街道は深い森を通り抜けることが多かったのである。フランスのオークの森は樹間が広く、その間を馬車が通り抜けられるくらいなのである。

いずれにしてもペパン王の妃となったのは、ベルトではなく、ベルトを名乗る別人で、ベルトは森に捨てられたのである。そのベルトを救ったのは森の隠者だったともいい、また、森林官だったともいうが、これはどちらでもいいだろう。ジュヌヴィエーヴの物語のように、牝鹿がやってきて乳を飲ませたということはなかった。隠者にしろ、森林官にしろ、王女をかくまった家では、王女とは気づかずに、彼女に糸つむぎなどをさせていたが、「ベルトが糸をつむいでいたころ」という諺はそこから出たといわれる[107]。

侍女の奸計はその後何年か経ってから、王女の母后がハンガリーからパリへやってきたときに明るみに出される。母后が会ったフランスの女王はベルトではなかった。問い詰められた侍女は一部始終を告白する。偽女王は修道院へ送られ、本物の女王がフランスじゅうを捜し求められる。ほどなくして本物のベルトは森でひっそりと暮らしているところをみつかってパリへ迎えられる。ペパンが狩猟中に森でベルトに出会って、その容色に迷って手籠めにしようとしたとき、ベルトが毅然としてペパンを退け、「さがりなさい。わたしはフランスの女王です」と言ったともいう。

ベルトに成り代わっていた侍女の娘が庶民の苦しみをよそに贅沢三昧にふけり、悪逆非道の限りを尽くしていたといったことはどうでもいい付け足しだろう。「すりかえられた花嫁」の典型である「三つのシトロン」は「南ヨーロッパ」のところで略述した（69頁参照）。

## 聖書[108]

雅歌に描かれたエルサレムは「花は地にさきいで、小鳥のうた」が聞こえ、「イチジクの実は熟し、ブドウの花は香る」。が、エルサレムはやがて荒廃する。エレミヤ記はエルサレムの堕落と荒廃を予言する。そこは「人の住まない地」となる。イスラエルの子らはエジプトへ下った。

　しかしそこの虜囚の生活は厳しかった。モーセは彼らを導いて「約束の地」を目指す。その行程もまた厳しかった。出エジプト記のシナイ半島はすでに砂漠化が進んでいて、山は火を噴いていた。人々は「昼は雲の柱、夜は火の柱」を目印にして砂漠を進んだ。荒れ野では人は飢え、渇いた。炎の蛇が人々を咬んだ。[109] シナイ山では「全山煙に包まれた。主が火の中を山の上に下られたからである。煙は炉の煙のように立ち上り、山全体が激しく震えた」。激しい噴火の状態である。モーセの顔は山から下りるとき光を放っていた。のちにイエスも山に上ってモーセの幻と語り合ったとき、全身が光を発していた。ルカはそれを「栄光の光」という。マタイは「光り輝く雲が彼らを覆った」という。これも火山の火の反照であろう。聖書の地は火山地帯だった。そしてそれはカインが放逐された荒れ野だった。

　旧約聖書の世界が荒野と火山だったとすると、新約でイエスが歩むところには湖が点在する。「イエスが舟に乗り

噴火するシナイ山（ヤン＆カスパール・ライケン画、1723 年）

こまれると、弟子たちも従った。そのとき、湖に激しい嵐が起こり、舟は波にのまれそうになった」。弟子たちは怖れたが、イエスは風と湖とを叱った。すると嵐は収まった。イエスがガリラヤ湖のほとりを歩いていると、魚を捕る兄弟がいた。イエスは彼らに、おまえたちを人間をとる漁師にしようと言った。これがペテロとアンデレである。イエスはまた嵐のとき湖の上を歩いた。ヨハネは荒れ野に住んでいた。しかし彼もヨルダン川で洗礼をほどこした。

パウル・ブリル＆フレデリック・ファン・ファルクボーフ《ガリラヤ湖の上を歩くイエス》
1590年代、ヨハネ・パウロ2世美術館

# 八、東ヨーロッパの神話

東欧はロシアを含めて一応スラブ圏である。しかしルーマニアはラテン系だし、リトアニアは時代的にはポーランドと領土を争ったが、今はバルト三国である。また、シベリアは北アジアとして、「九、東南アジア他」のところへ入れた。宗教としては東方教会に属する地域が多いがカトリックの地域もある。

## ポーランド

タトリの山には山中に眠る騎士たちの伝承がある。[10]そこは「裸の岩肌の山頂、大昔から人が斧を入れたことのないあの暗い樅の木の森、緑の斜面に生える這松の茂み、切り立つ岩から岩へと流れ落ちるあの騒々しく、にぎやかな谷川の流れ、奇妙な形にギザギザに刻まれた絶壁のつらなり」の見られるところで、羊飼いが羊の番をしている（『ポーランドの民話』）。そんな羊飼いの一人があるとき、岸壁の中でまるでパイプオルガンのような音が響くのを聞いた。すると、それに続いて、怖ろしい轟音がとどろき、岩壁が裂け、光り輝く洞穴が口を開けているのが見えた。その洞穴から鎧兜に身を固めた騎士が出てきた。騎士は羊飼いを抱えて、洞穴の中を案内した。中にはまばゆい光に溢れた大広間があって、見事な馬にまたがった騎士たちが勢ぞろいしていた。それは定められた時が来れば、この世にあらわれることになっている騎士たちだった。まだその時ではなかったので、羊飼いが外へ出ると岩壁は元通りにふさがって、そこに大きな洞穴があることはわからなくなった。

「山や岩がそそり立つあのあたりは」と語り出す伝説「モルスキの娘の目」は「昔は肥沃な田畑と森と草原であった」と、環境の変化を物語る。どうしてそこが岩山になったかというと、そのあたりの領主モルスキの呪いのせいだという。モルスキの娘にはハンガリーの領主のいいなづけがいたが、モルスキは異邦人との結婚を許さなかった。娘は、父親が遠方へ戦いに行っている間に許嫁と結婚した。戦場から帰ったモルスキが娘夫婦と子供たちとを呪って、肥沃な山野を不毛な岩山に変えてしまったのだ。不毛な土地を農民が営々と努力を重ねて肥沃な山野に変えるという例はあり、その肥沃な山野を産業開発のために工場街に変えてしまったという近代の歴史もあるが、モルスキの話は、中世の伝承のようである。

## ハンガリー

ハンガリーは東ヨーロッパにあって、ほかのスラブ民族とは違うウゴール民族のマジャル人からなっている。さらにそのあとにやってきたジプシー（ロマ）たちもここに滞留した。その風土は中央アジアを思わせる荒涼としたもののように思われるかもしれない。しかし、『ハンガリーの伝説』で「エクセッドの沼と妖精」のいうところでは、そこは「柳の密生している沼地、人跡の絶えたこの森林、さてはじめじめした草原」で、鳥の声や蛙の声のかまびすしいところである。そこに「毛皮の外套を着た羊飼い、牛飼いたちが大きな焚火の傍らで、あるいは悲しく、あるいは愉快に笛吹いているのや、透き通るような声で歌いつつ、村の井戸から水運ぶ乙女の姿も見られるであろう。かような様がこのハンガリー大平原の眺めであり、また響きでもある」。そこに妖精の城があらわれ、妖精たちがロンドを踊る。村一番の美青年がさらわれて妖精女王のお相手をつとめ、一年経つと、用済みで殺される。あるときミスカがさらわれた。消えた許嫁のあとをさがすパンニのところにジプシーの妖婆がやってきて、ミスカを救う手立てを教える。ミスカは沼のなかの島にとらわれている。夜中に黒い棺を舟に載せて、パンニは島に渡った。妖怪の群れが彼女の企てを邪魔しようとする。彼女は必死になって鈴を鳴らし、神に祈った。やがて、青ざめたミスカの姿があらわれてきた。ついにパンニは妖精の妖術に勝ったのだ。森林と鬼火のただよう沼、湿った草地、それはヨーロッパのどこにでも見られる風景だろう。そこに妖精とジプシーがあらわれる。ハンガリアン・ラプソディーの世界である。

「ハンガリーの北部、剣のように高く天空に尖り立った岩石の間には、四時雪の絶えたことのないという山地に、一つの峠がある」[12]。「山の両崖はと見れば、ことごとく崩壊していて、大きな洞穴が、至るところに穿たれている。大小の黒岩は、乱雑に飛散していて、投げ飛ばされたもののよう」。そこにひとつの門がある。それは小人たちがつくったもので、小人の王と妖精の娘が結婚したときにそれを祝ってつくられたものだ。その国王夫妻にはかわいらしい娘が生まれた。そこに、小人たちの宿敵である角婆がやってきた。角婆は詐術をもって、王女の子守を篭絡し、黄金のゆりかごに入った王女を掠っていった。そのあたりは夢のような世界だったのに、そのときから、あたり一帯は荒廃して、小人たちもいずくへか立ち去って行ってしまった。

### リトアニア

バルト三国のひとつリトアニアは「森の国」という。森林率は三四・八三パーセントとさして高くはないが、フィンランドが七三・一一パーセントで「森と湖の国」というのには及ばないとしても、工業国としては健闘しているといってもいい。そのリトアニアでは「蛇の女王エグレ」という神話がある。エグレはリトアニアの王女だったが、湖で水浴をしている間に、岸に脱いでいた衣の上に蛇がとぐろを巻いていて、自分の花嫁になってくれれば衣を返す、そうでなければ衣は返さないというので、やむをえず、結婚を承諾して、海底の蛇の国へ嫁入りすることになった。蛇の国はそこへ行ってみると何一つ不自由することのない楽園で、人々は鍛冶に励んで、富み栄えていた[13]。しかし、何年かが経ち子供たちも生まれると一度里帰りをしたくなった。蛇王は心配しながら最後は承知し、戻ってくるときに海辺で唱える呪文を教えた。父親の宮廷に戻ったエグレは、兄弟たちとの語らいに月日の経つのを忘れるくらいだったが、約束の日は近づいてきた。兄弟たちはそのエグレをなんとか引き留めようと、帰るときの呪文を聞き出して、海辺へ行って、その呪文を唱えた。すると波をかきたてて、蛇王が岸近くへやってきた。エグレの兄弟たちは、その蛇王の首を切って、これでエグレはもう海底へ戻らなくともいいと思った。しかし約束の日になると何も知らないエグレは海岸へ行って、呪文を唱えた。すると海は泡立って、血の色に染まり、蛇王は出てこなかった。何が起こったかを悟ったエグレは悲しみのあまり、その場でポプラの木になってしまった。以来、風が吹くとポプラの木はからからと嘆くように音を立てるのだった。ヨーロッパの川べりや畑のふちによく植わっているポプラについての一つの起源譚である。

## ルーマニア

バルカン半島のルーマニアはスラブ圏ではなく、ラテン系である。言語もロマンス語系で、かつてはダキア人がそのあたりを支配していた。「花が歌うイレアナ」の主人公の名前イレアナはこの地方で代表的な女性の名前だ。物語はまず妖精の湖から始まる。若い王は、その湖で泳いだあ

血の色に染まった波立つ海をみつめるエグレ（K. シモニス画）

と、疲れて眠り込んでいる間に、妖精の訪れを受けたが、彼女が来ている間はぐっすり眠り込んでいて、何も知らなかった。しかしイレアナの名前を刻んだ指輪だけが残されていた。彼はその幻の妖精を探して、「人跡未踏の荒野へ、日の差し込んだこともない森のなかへ」分け入った。「山があれば険しい崖を登り、万丈の頂から千尋の谷へ下り」、「疲れ果てつつも昼も夜もさまよった。「ときには天高く聳える山を越え、ときには一木一草もなく砂また砂の砂漠を渡った」。そうやって世界の半分をさまよった王の苦しみは報われた。イレアナの宮殿にたどりついたのだ。しかしイレアナとその宮殿で夢のような日々を過ごしたのもほんのわずかの間だった。彼女を前々から狙っていた竜人[14]がやってきてイレアナをさらっていったのだ。王の試練がまた始まる。しかし最後には竜人の城からイレアナを連れて逃げ出すことに成功する。（『ルーマニアの民話』）

どこでも語られている「いなくなった花嫁を探す男」の話である。ルーマニアにはトランシルヴァニア地方のカルパティア山脈などもあって、地方によっては山岳地帯と

ドラキュラ城のモデルとされるトランシルヴァニア地方のブラン城
（ルートヴィヒ・ローボック画、1883 年）

いってもいいところもある。[115] そしてドラキュラの故郷でもある。この地方では吸血鬼のことをヴコドラックと呼ぶ。

## ロシア

かつてキエフのイーゴリ公は夜ごと灰色狼に変身してツンドラを疾駆した。[116] イーゴリが倒れたとき、その妻は「かつこう鳥に身を変えてわたしはドナウを飛んでいこう」という。彼女は「夫に敵意をしめした風と川と太陽を叱責する」。「彼女はイーゴリを甦らせ、荒廃した大地に豊穣を戻すために火と水と大気に祈願する」。

ヴォルガのほとりの森のなかへひとりの男が入っていった。森の中には池があった。その水が揺れ、渦巻いた。「突如、美しい少女が現れ、池の岸辺へ行き、座って月の光の下で長い髪に櫛で梳き始めた」。月が隠れると、少女は「月よ輝け」と言った。するとそのとおりになった。水の精ルサルカだった。ウクライナでは、ルサルカは木に腰掛けている。「ベラルーシでは森ならびに野原と結び付いていた」。「風土がより過酷な大ロシアでは胸の大きなアマゾーンとして現れた。北部では醜く、毛深い」。「春に活力が沸き上がり、その季節にルサルカは冬の墓穴に似た水の中のすまいから出て、木の上に上り、その後、初夏にはすべてが緑に覆われた野原へ躍り出る」（ハップズ『マザー・ロシア』）。

スラブの神話で海の底の竜宮の話がある。水の精は楽師サドコに音楽を奏でさせ、疲れきるまで休ませなかった。それを見て一人の精霊がリュートの弦を切るように忠告してくれた。さらに音楽の褒美として水の精をもらっても、けっして彼女に触れてはいけないと。しかし、寝ている間に彼は右足で彼女に触れてしまった。気がつくと彼は川岸に寝ており、右足がマヒしていた。

ロシアの森にはバーバ・ヤガーもいる。魔女ともいわれるが、森の大女神である。[117] バーバ・ヤガーは大きな石臼に乗り、すりこ木で空中を漕いで暴風を起こしながら移動する。彼女は鶏の足の上に載った回転する家に住んでいる。マリアッサはある時、針と糸を借りてくるようにいわれ、バーバ・ヤガーの家へ行った。彼女は魔女の猫に話しかけて、そこから逃げる方法を教わる。タオルと櫛を持って逃げ、追い掛けられるとそれを背後に投げるのだ。タオルは川になり、櫛は森になった。

バーバ・ヤガー（イヴァン・ビリビン画、1900年）

# 九、東南アジア他の神話

中央アジア、南アジア、極東アジアを除いて、朝鮮を加えた地域をここでまとめた。インドネシアからシベリアまで、熱帯から寒帯まで多様な風土である。政治的にも歴史的にも多様な地域だが、熱帯雨林やタイガなどはこの数千年、さして変化をみせていないだろう。ユーラシアの辺境で、大帝国を形成したことのない地帯である。

## インドネシア

世界中に洪水神話があるが、エジプトのように恵みをもたらす洪水もあるし、ライオンの禍がその代わりになることもある。間氷期に地中海の水位と黒海の水位が大きく違って、地中海の水が黒海に流れ込んだのが洪水神話のもとだという説は、世界の洪水神話では、それに相当する描写がされるものがないので、説得性がない。[118] 普通は長雨が降り続いて洪水になるが、ポリネシアではヤシの根方から水が噴き出して洪水になる。インドネシアでは、天から降りてきた大蛇を切って料理して食べると夜中に大雨が降り出して洪水になる。蛇が水神だったのだろう。あるいは天の狩人が大きな布をもってきて河口をふさいで、雨の神を呼び出して雨を降らせた結果、洪水が起こったとする。あるいは雨が降らずに困っていたときにあるものが川の霊魂をみつけだせばいいというので、涸れた川床を掘ってゆくと水が噴き出し、空からも篠突く雨が降り出して洪水になった。川の神が怒ったのだと人々は言ったが、大水は稲を植え付けるときから収穫のときまで引かなかったというので、この場合は、恵みの雨だった。あるいは雨の神の蟹が海流を塞いだというのもある。いずれにしても川の神なり、水神としての蛇なり、蟹なりが洪水を起こすことが多い。ただしモーケン族[119]では、ある娘が岩を海へ投げたところ津波がおこり、陸地が水没し、島だけが残ったという。[120]

『世界の民話』によれば、カリマンタン島の神話的昔話「巨人と兄妹」は「見渡す限りうっそうと葉の生い茂った」密林のただなかで展開する。その密林には魔物が棲んでいた。ある日、兄妹の田んぼに見たこともないような美しい鳥がやってきた。妹はその鳥が欲しくなった。兄がそれを聞いて、鳥を捕まえにいった。鳥は捕まりそうになるとつっと逃げ、密林のなかに少年を誘い込んでいった。そしてその間に魔物が兄妹の小屋にやってきて妹を殺して血を吸った。兄は帰ってきてその様子を見ると、魔物に復讐できるようにして欲しいと神に祈った。いまや彼の体はたくましく、鋼鉄のようになった。彼は新しく生まれ変わった人間だった。魔法の力も備わった。彼はその魔法で妹を生き返らせ、あくる日にまたそこへやってきた魔物と戦って、相手をついに倒した。物語の舞台はうっそうたる熱帯多雨林である。猛獣も毒蛇も、そして魔物も棲んでいる森である。ジャワ島の「ペリア・ポカク」も密林で物語が進行する。ただこの密林で出会うのは魔物ではなく七人の妖精だった。妖精は不思議な織物を与えてくれた。[121] ボルネオの密林には大きな竹も生えている。[122] それを登ってゆくと天国に着く。「プチュク・カルンパン」も森のおばあさんのところに引き取られた小さな女の子の物語だ。女の子は父親に殺されたが、魔法で生き返らされ、王子の妃になった。魔法使いの老婆が棲んでいる森はヨーロッパにもあるし、人喰い鬼もいる。しかし森のようすはインドネシアとヨーロッパでは同じではない。ヨーロッパには狼や熊がいる。インドネシアの森には虎がいる。生えている木の種類も違う。インドネシアには人がなかに入るくらい太い竹が生えている（「パクリの領主」）。ヨーロッパでは「ものいう樫の木」があったりする。[123]

インドネシアの樹木の神話といえばヤシの木を巡る「ハイヌウェレ」神話を忘れるわけにはいかない。[124] ヤシの木に登ってヤシの実を採っていた青年が誤って手を切って、ヤシの花の上に血をたらしてしまった。数日後また同じヤシの木に登ってみると、ヤシの花のなかに女の子が生まれていた。青年はそれをそっと抱き取って家へもって帰った。女の子はすぐに大きくなって、村中の人気者になった。と

早朝のヤシの実の収穫（バリ絵画）

りわけ彼女が祭りのときに珍しい陶器の皿などをお尻から取り出して配るのだからみんな大喜びをした。ここでいう「お尻」というのは肛門なのか生殖器なのか定かではなく、一般には前者と見られているが、お皿を取り出すというのだから、後者の方がふさわしいようにも思われる。いずれにしても彼女は富の分配者として人気者になると同時に嫉妬の対象にもなった。そして次の祭りのときに、村人はよってたかって彼女を殺し、地面に埋めた。それを父親が探し出して、細切れにしてあちこちに植えた。するとそこから芋のたぐいが育ってきた。[125] なぜ人々が彼女を殺すだけではなく、細切れにしたのかが問題だが、芋であれば細切れにして地面に埋めればひとつひとつの砕片からすぐに芽が出てくる。[126] 彼女の身体のなかに宝物が隠されていると信じて、それを探したのかもしれない。それに神話ではセトがオシリスを八つ裂きにしたように八つ裂きというのは最も確実な殺害の方法なのである。これは死体化成説話として、世界中で語られている話で、日本でもオオゲツヒメがスサノヲに殺されてその身体から五穀その他を生み出したという話がある。[127] ただインドネシアの話は大元がヤシの木で、ハイヌウェレもヤシの女神と思われるのが重要である。ポリネシアでもヤシは典型的な風景を構成する不可欠の植物だが、ヤシの実からすぐにヤシの木が芽を出して生えてくることからわかるように、成長が早く、またその発芽力も強いのが特徴である。ポリネシアではヤシの実が人の頭を思わせることから、人の頭を埋めておいたらそこからヤシが生えてきたという話も語られる。

インドネシアは火山列島である。そこでは山々の起源として犬婿の話が語られる。[128] 王女は狩りを好んで犬をつれて毎日狩りに出ていた。あるとき狩りに出たまま帰らなかったが、それから七年後に、七歳の少年を伴って戻ってきた。少年は父について王女に尋ねた。犬の息子であることを知った少年は犬を連れて家を出て帰らなかった。犬は短刀で刺されて死骸となってもたらされた。それから数年が経った。王女はあいかわらず美しかったが住まいは山のなかに移していた。少年は今は立派な青年となってそこへやってきたが、山の麗人を母とは気づかなかった。青年はその麗人に結婚を申し込んだ。王女は一夜のうちに山のなかに湖をつくって、舟を浮かべたら、その申し出を受けようと言った。青年は夜中働いて、夜明け前に王女を迎えたが、王女とともに輝かしい朝日がすでに昇ってきた。青年がつくりかけた舟はくつがえって山になり、その周りにも湖をつくるのに掘り起こした土塊が山々になった。犬婿とともに山に籠もった王女が犬人間たちの始祖になった話が中国にあるが、そこでは自然の風土が彼らのために作り変えられたとは語られない。それに対して、インドネシアの突兀《とっこつ》たる山々が海から突き出て、その間には青い湖が水をたたえている風景は、この地帯のモンスーン気候とともに、独特のものとみられる。

インドネシアはもちろん熱帯雨林の地である。ほかの熱帯雨林の神話としては地域は違うが次のようなものが『黄色い葉の精霊』に紹介されている。三人の息子と継母がいた。継母は夫に子供を殺してくるように言った。夫は子供

インドネシア・カリマンタン（ボルネオ）島の密林

をつれて密林に入っていった。そして大きな木をみつけて、子供たちをその木に登らせて、木を切り倒した。しかし子供たちは木を腕で支えて、無事だった。ついで断崖の上にきて、子供たちに崖の下で石を抱きとめるように言った。子供たちは、落とされる石を抱きとめて無事だった。最後にまた密林の中へ入り、高い木に木釘を打ち込んで子供たちに登らせ、そのあとで、木釘を抜き取って帰っていった。今度も子供たちは褌を綱にして無事に下におりたが、もう家へは帰らず、森の中を旅に出た。ふたつの丘を越えてゆくと一軒の家があったので、中へ入った。すると娘がひとり、大蛇が襲ってくるといって泣いていた。子供たちは大蛇を退治して、旅を続けた。次の家では巨鳥が襲ってきたのを退治した。さらに行くと今度は竜がいた。これも退治して、竜が狙っていた娘と結婚した。やがて子供が生まれたが、その子には杖をもたせてはいけなかった。子供は言いつけにそむいて杖で遊んでいるうちに杖は天空高く飛び上がってしまった。そこでその父親はつる草を植えて、それをつたって登っていった。そこへ邪悪な精霊がやってきて、そのつる草に熱湯をかけるといいと言った。その通りにするとつる草は枯れて倒れ、杖を取りに行った男は落ちて死んでしまった。密林の一軒家に女が住んでいて、そこに怪物が襲ってくるのを、少年たちが退治するものの、最後に、悪い精霊にそそのかされた女が言いつけにそむいて、主人公を殺すのである。そのドラマが進行するのが、竜や大蛇が棲む密林なのである。

## ベトナム

ベトナムには次のような話がある。

「天女ポー・ヌガル」

大安山のふもとに子のない夫婦がいて、瓜を栽培していた。ところがだれかが瓜畑を荒らすようになった。それは天女が瓜を空へ投げ上げて遊んでいるのだった。夫婦はその天女を捕らえて養子にした。まもなく洪水が訪れた。天女は流れてきた沈香の流木に入って海岸へ流れていった。その流木から出てきた天女を見て、王子が恋に落ち、二人は結婚したが、天女は望郷の念にかられ、流木に乗ってクファン湾から、大安山の方へ戻ったが、養父母はすでに死んでいた。天女は大安山に廟を建てて養父母を供養した。王子は天女を忘れかね、軍船をしたててクファン湾にやってきて、彼の軍隊はその地を荒らし回った。しかしあるとき突然大津波が襲ってきて、軍船は壊れて沈んだ。天女が津波を起こしたものと思われる。彼女は、白象に乗って山頂を巡り、あるいは白衣を着て空を飛び、またサメに乗って海を渡った。人々は彼女を祀った。

海岸沿いに山が聳え、たえず洪水や津波に襲われる一帯はベトナムの沿岸部を思わせる。

「椰子の実伝」

ある娘が森でとある岩から流れ出ている水を飲んで妊娠し、ヤシの実を生んだ。ヤシの実はすくすくと育って、歩く代わりに転がりながら、口をきいて話をした。ヤシの実はやがて王の牧童になった。末の王女が牧童のところに昼の食事をもってゆくことになった。食事をもってゆくとど

竜が舞い降りたという伝承があるベトナム北部のハロン（下竜）湾

こにもヤシの実がいないので、森を覗いてみると、そこに、美しい少年がいた。ヤシの実だった。ヤシの実はやがて、王女と結婚したいと言い出した。上の王女たちは断ったが、末の王女はそれを承知した。ヤシの実が実は美しい青年であることは誰もが知るところとなった。やがて王子は海外へ出掛けることになった。その留守に上の王女たちは、末の王女を亡き者にしようと、船遊びにさそって、海に突き落とした。王女は鯨に呑まれたが、鯨の腹の中で、刀をふるって、鯨を殺し、鯨の遺骸ごと無人島に打ち上げられた。そこへ王子が戻ってきた。ヤシはベトナムでも生えている。ヤシの実が登場する類話については松本信広に紹介があるという。ベトナムには瓢箪として生まれた子供の話もある。

「神の刀」

牛飼いが水浴をしている天女を見て、衣を奪うと、天女たちは衣を天に舞い上げた。それを握っていた牛飼いは空から落ちて死んだ。そこへ、前に牛飼いが助けてやった亀がやってきて、彼を生命の木の水で蘇生させた。彼はその生命の木を手に入れ、不死身になった。そこへ、天女たちがまたやってきた。今度は牛飼いは奪った衣を取り返されなかった。牛飼いは天女と結婚したが、やがて天女は衣をみつけて、それを着て天に帰ってしまった。しかしそのときも亀がやってきて、体の大きくなる秘薬と刀をくれた。牛飼いは天を目指して歩いていったが、あるところで、巨鳥につかまり、鳥の餌としてのウナギを毎日とりにいかされた。あげくの果てに鳥に呑み込まれてしまったが、刀で鳥の内臓を切り、外へ這い出た。そのあと木を切り倒して丸木舟をつくり、鳥の羽を帆にして島を脱出した。その舟は舳先を空へ向けると空を飛ぶことができた。そこで空を飛んで天宮へ飛び込んで、天の軍隊と戦って、天女を取り戻した。

チベット

『チベットの民話』には次のような話が載っている。

「湖の王」

「岡や山に囲まれた美しい湖があった」。母親にいじめられている牧童がその湖のほとりで泣いていると、一人の男が湖から出てきて、牧童に泣いているわけをきいた。牧童が身の上を話すと、男は彼についてくるように言って、湖の中へ入っていった。そこには壮麗な宮殿があり、湖の王がいて、牧童に話を聞くと、一匹の犬をくれて、連れてゆくように言った。その犬が皮を脱ぐと美しい女があらわれた。牧童は犬の皮を火にくべて女を誰にも見せないようにして、自分のものにしていたが、あるとき、族長の息子にその女を奪われてしまった。牧童はまた湖の岸辺に行ってみると、また水のなかから前の男が出てきて何が起こったのかと尋ねた。今度も男は牧童を宮殿に案内し、王に話させた。王は彼に箱をくれて、「戦え」と言えばいいと言った。山の上へ行って箱を開けて「戦え」と言うと、戦士たちが出てきて、族長の息子とその仲間たちをこらしめた。

「リンのゲサル」

リン王国は栄華の時を過ぎて、滅びの時を迎えた。「蓮

チベット高原で見られるヤクの放牧

の花から生まれた人」と呼ばれる導師が蛇の精のナーガをひとりリン王国へ差し向けた。蛇は美しい女になって王宮へ行った。王妃が彼女をいじめた。そして悪い噂のある牧草地にヤクの群れを連れて行くようにさせた。「牧草地へ行く道は狭い山峡を通っていた」。そのうちあたりには何の物音も聞こえないようになってきた。「無言のものたちの谷」に相違なかった。娘は何者かにみつめられているような気がした。しかし、あたりを見渡しても何も見えなかった。「ごつごつした岩と大きな石の、荒涼とした、樹木のない谷」には彼女をみつめている何かがいた。やがて谷間は光に溢れた。そこは死者たち、バルドの世界かと思えた。やがて谷間には虹があらわれ、金色に輝く神があらわれて虹をつたって下りてきて、手にした鉢の水を飲むように言った。娘は身ごもった。やがて子供が生まれた。子供はあっというまに大きくなって、王妃たちの迫害にもかかわらず、母親を護って草原でくらした。やがて王が、馬の競技をすることを告げた。山も谷も越え、長い距離を踏破するのだ。勝ったのは蛇女の息子だった。彼が王になって、リン王国は再び栄華の日々を迎えた。

「白い雄鶏」

「山陰の静かな湖の畔に、この上なく心地よく美しい自然にとり囲まれ、小さな家が建っていた」。その家には母親と三人の娘がいた。彼女たちは何頭かのヤクを飼っていた。あるとき長女がヤクを連れて牧草地へ行っていると雄鶏の鳴き声が聞こえた。そこでその鳴き声の方へ行ってみると何もなかったので、牧草地へ戻ったが、ヤクの姿はどこにもなかった。あちこち探していると岩の洞穴に扉がついていて、その中に白い雄鶏がいた。雄鶏は娘に自分の嫁になるならヤクを返してやろうという。娘は断って家へ帰り、翌日は次女が、その次には末娘がその洞穴に出掛け、末娘が雄鶏のいうとおりにした。あるとき娘は雄鶏の留守中に白い雄鶏の皮が暖炉の前に転がっているのに気がつき、それを暖炉のなかで燃してしまった。すると立派な青年がやってきて、あの皮がなければ悪魔にさらわれるのだという。娘は結局家に帰った。

## シベリア

シベリアでは「北極光」という話がある。ある老人夫婦のところに娘がひとりいた。おじいさんが森へゆくと蛙が飛び出してきて、婿にしてくれという。やがて二人の息子と一人の娘が生まれた。蛙と子供たちは老人のもとの家へ行って、老人を殺して食べてしまった。やがて蛙たちはまたやってきて、お婆さんも食べてしまったので、娘は母親の骨を拾って森へ行き、骨をカバの木で叩いて、小屋をつくりだしてそこに住んでいると、蛙の親子がそこへもやってきた。そして娘を縛って革の袋へ入れて川へ流してしまった。しかし娘はナイフを取り出して袋を破って外へ出た。そして亡者たちの家へ行って、そこにいたナイナの嫁になるが、金の玉を持ってそれが転がる方へ逃げるように言われる。わき見をすると北極光にさらわれる怖れがある。無事に川を渡ってナイナと一緒に暮らすが、あるとき太陽が彼女を捕まえてさらってゆく。娘は太陽の娘を産んだ。娘は大きくなって婿を探しに地上へ下りてゆく。そしてひ

シベリアの針葉樹林タイガ

とりの猟師に会って結婚する。猟師は太陽が沈むところへ行って、太陽の家へゆく。そして熊やトナカイに乗って地球を回る。極光が垂れ込め、太陽が地平線すれすれを回る極北の地の話である。太陽の婿は太陽の沈むところまでトナカイのそりで行って、そこから太陽の家へゆき、太陽に命じられて地球を回るのである。

シベリアの内陸はツンドラとタイガだ。タイガには主がいる。ある若者がたえず囲炉裏の火に食べ物を投げ入れてタイガの主に供え物をしていた。あるとき、吹雪になって道がわからなくなり、一軒の小屋に入るとそこにタイガの主がいた。主は彼に狩りの獲物と毛皮をくれた。そして翌年も酒をもってくるように言った。それが三年続いた。四年目に若者は、この老人であるタイガの主を殺そうとした。しかし、主は彼の考えを読み取って彼をとり殺した。

このタイガの主は老人だが、若者として語られることもある。ある時娘がベリーを採りにタイガへ入って行方不明になった。翌年、またベリーが熟す季節に両親がタイガへ行ってみると娘がやってきた。森の主カイグシの嫁になったというのである。両親はおかげで、食べ物に困ることはなくなった。この森の主は毛深い熊の姿をしているようで、冬の間は冬ごもりをするようである。娘も熊と同じ生活をするうちに毛深くなっていた。

シベリアには海の神話もある。セドナの神話だ。海の女神セドナがどうして海の底に住むようになったかを物語る[129]。

シベリアに隣接したアイヌにも海の神話があるが、「雷神が不遜の女を罰した物語」などもある。しかしアイヌの風土はシベリアとは異なって、緑の沃野のようである。雷神が空から見下ろすと「小さな川沿いの沃野は後ろに連なり、川沿いの大きな沃野は前に続き、柳の木原は岸辺に茂り、榛の木原は丘辺に茂り、茅原は丘辺に茂り、芦原は岸辺に茂っている」（久保寺逸彦『アイヌの神謡』）。物語はそんな岸辺を雷神が巡行してゆくと、とある村の女が、神様だからとて仕事をしなくていいわけはない、などと言うのを罰するために雷を落としたというものである。

## 朝鮮

朝鮮には卵から始祖が生まれた卵生神話があるが[130]、そのひとつ朱蒙のふたりの王子、沸流と温祚は、高句麗を去って南の方に新たな国を建てにいった。彼らは「広漠たる平野が果てもなく続いてさえぎるものもなく、西にはびょうびょうたる大海が碧く光っている」地にやってきた。沸流は西の山の端に横たわる碧海を眺めながら、「あの西の海の浜辺に国を建て、その付近に国都を定めたがよかろう」と言ったが、弟の温祚は海から離れた地をさして「この河南の地は不思議にできている。まず北には漢江を回らし、東は南嶽に拠り、南は遠く平野を控え、西は大海が横たわっている。こんな優れた地の利に恵まれている土地は、ほかに求めることのできないものだ」と言って、そこに国を建てることにした。かくて、兄弟はそれぞれ別々の地に国を建てたが、兄の国の方は、海からの湿気を受けていつもじめじめとして気分も晴れない土地だった。海辺が常にそうだとは限らないだろうというのは、たとえば我が国でも海に面した鎌倉は必ずしも地の利において欠陥のある土地ではなかったようだが、朝鮮の場合は沸流の選択は「凶」と出たようで、ほどなく、沸流は死んで、国は滅びた。温祚の国はそれに反して栄えて百済になった。

百済は高句麗、新羅と並んで三国のひとつだが、新羅についてもまず始祖のひとり脱解は卵から生まれたが、赤竜の護る舟に乗せられて新羅の海岸に流れ着いている。この脱解がある日、吐含山に登ってあたりを見回していると三日月形の丘が目に入った。それは「都の東南に位し、蚊川の北、湾曲した川の流れに沿って、あたかも半月の形をなした小高い丘」だった。そここそ城を構えるのにふさわしい土地と見てとった脱解は、策略を巡らして、その地に住む宰相のところへいって家を明け渡すように交渉した。その件は訴訟になったが、事前にその地に炭などを埋め込んでおいた脱解が、昔、彼の祖先がそこで鍛冶屋をやっていたと言い立て、炭のかけらが出てくるのがその証拠だと主張した。だいたい、舟に乗って流されてきた脱解に祖先もなにもあるはずがないのだが、まんまと訴訟に勝って、その土地を手に入れ、城を建て、風水の利を活かして立身出世をして、王位に就いた。[131] 朝鮮には熊が人間の女になって天郎と結ばれて檀君を産む話もある。物語は美しい朝鮮半島について叙述する。それは「三面を海に囲まれて、波打ち際には白い波が飛沫を挙げ、木々は風に揺られて、長閑な平和な陸地」であった。天帝はそれを見下ろして、息子の恒雄に地上へ下りてくるように命じた。恒雄が下りてゆくと熊と虎がいて、人間になりたいと願い出た。恒雄はニンニクとニラを与えて、これを食べて百日洞穴に籠もるがよいと言った。虎は途中で我慢しきれずに逃げ去ったが、熊はめでたく女になった。そして恒雄と結ばれて檀君を産んだ。これが地上の人間たちの祖となった。(『朝鮮の神話と伝説』)

## 十、南北アメリカの神話

南北アメリカの先住民はみなモンゴロイドで、陸続きだった頃にベーリング海峡を渡った人々とみなされている。しかしメキシコ以南ではスペイン系との混血が進んでいる。神話的にもスペイン人の到来以前と以後を分けることは難しい。イヌイットの大氷原にはそれなりの風土があるのだろうが、神話には報告されていない。

### メキシコ

マヤ神話を綴った『ポポル・ヴフ』によると天地創造の様子は以下のようだった。はじめは「ただ静かな海と、限りなく広がる空だけがあった」。これがメキシコの天地である。やがて大地が作られた。「霞のごとく、雲のごとく、砂塵のごとく、水のなかから山々が現れ出て、それはたちまち大きくなっていった」。「そしてまたたちまち地上には杉林や松林が生えていった」。「まず大地と、山々と谷間が形づくられ、そして水の流れが分けられて、せせらぎが自然に山間を流れ走り、高い山にあたって流れを分けていった」。その後、鹿と鳥がつくられた。「鹿よ、お前は川の畔、谷間の影を住まいとし、その草葉の茂みにおれ。森のなかで繁殖し、四つの足で歩き、自分らのくらしをたてよ」。「おまえたち鳥禽よ、お前たちは木の上、草葉の上を住まいとし、そこに巣をもうけて繁殖し、木々の梢や芦原の間を飛び回れ」。ついで、ほかの動物もつくられた。人間の創造だけが難航した。人間を除けばこれがメキシコの自然であろう。アンデスの高地に文明を築いたインカとの違いで、メキシコの神話的風土は平地と山と森と動物たちで占められていた。そこへいよいよ人間たちが創造された。「まずパシール（水のある広々としたところ）とカヤール（腐った水）というところから、トウモロコシの黄色い穂と白い穂がとりよせられた」[132]。「パシールとカヤールの地にはおいしい食料がふんだんにあった。黄色い穂のトウモロコシ、白い穂のトウモロコシのほかにも、パタクステやカカオ、それにサポテ、アノーナ、ホコーテ、ナンセ、マタサーノスなどの実や、蜜があった。彼らはこの美しい、豊かに恵まれた土地を見出して、喜悦に溢れた」。そのトウモロコシをこねて人間が作られた。彼らは才能に恵まれていた。「彼らの目は、森にも、岩にも、湖にも、海にも、山にも、そしてまた谷にまでもとどいた」。それがあまりに見えす

マヤの土器に描かれたトウモロコシの神（550-830 年頃）

ぎたので創造主たちは、その目に霞をふきかけた。[133]（レシーノス『マヤ神話ポポル・ヴフ』）

## ブラジル

ブラジルでは「海がうなる理由」を物語る神話がある。さる王女が海辺で海蛇と友だちになった。海蛇は別れ際に自分は魔法で蛇に変えられた王女であると告げる。そして王女が世界一の王子と結ばれて幸せになったときに、彼女の名前を三度呼んでくれれば魔法がとけると言っていた。王女は王子と結ばれた。しかしその幸福に酔って王女は海蛇との約束を忘れてしまった。海蛇は海の底から「ディオニュシア」と王女の名前を呼び続ける。[134]

ブラジルにもハイヌウェレ型の物語（食物起源神話）がある。[135]昔は庭も、栽培植物もなかった。ひとりの老婆が、甥が空腹を訴えるので、森を伐採し、その一部を焼かせ、村人たちにそこにトウモロコシ、ジャガイモ、サトウキビ、バナナ、キャッサバ、その他を植えさせた。また、毒流しをして魚をとる方法も教えた。そうしてから、自分を庭に埋めさせた。するとその体からあらゆる作物が生じた。

作物を耕作する前は狩猟と採集で暮らしていた。蛙婿の話は蛙がいかに獲物をとるかを教えている。三人の兄弟が妹を連れて狩りにいった。男たちが藪の中に入っていった間、妹はキャンプで番をしていた。すると木登り蛙がやってきてうるさく鳴きたてた。娘がそんなにわめくかわりに肉をとってきたらいいのにと言うと、蛙は人間に変身して肉をとってきた。やがて兄弟たちが手ぶらで帰ってきた。蛙婿は彼らに弓の射方を教えた。しかしあるとき女が水浴をしようとすると蛙婿は、自分は木のうろの水たまりで水を浴びるといって姿を消した。[136]

農耕をするようになると、狩猟の腕は落ちる。ある農夫は狩りの獲物をとってこないといって、家族の者に馬鹿にされていた。あるとき彼の義兄たちは木の上にオウムの卵があると偽って、木に登らせ、足がかりのつたを切ってしまった。男は木の上に取り残されたが、そこへ森の精がやってきて、男を木から降ろしてやった。ふたりは森の精の家へ行った。そこには肉が豊富にあった。森の精は男が彼の家へ帰るとき、義兄たちに食べさせるように蛇の肉を魚の肉に混ぜたものをもたせた。それを食べた義弟たちはオウムに変身した。[137]

あるときピロの男が森へ狩りに行った。妖怪がそれを見て、いろいろな獲物を放って、男を迷わせた。狩りに夢中になっていて夜になった。そこで木の根方で野宿をした。翌日は大雨になった。かまわず歩いていると、天からカオンチが下りてきて、彼に緑色の飲み物をくれた。それを飲むと彼もカオンチになっていた。[138]

アマゾンではボリビアに、コンドルと結婚した男がコンドルの国へ行って、舅に日本のオホナムチと同じような試練を課される話がある。試練は一日でカヌーを作ること、一日で畑を切り拓くこと、そして焼き畑の火に包まれることである。いずれも超自然の協力者が助けてくれるが、最後の火の試練のときはクモが出てきて、地下のクモの国に案内してくれて難を逃れる。これは野焼きではなく焼き畑で、焼き畑文化の様子がよくわかる。[139]

アマゾンの熱帯雨林

アマゾンでは森には様々な妖怪が棲んでいる。マボアというのは別名ウインチといい、巨木だが、人間の姿にもなり、子供をさらってゆく。さらわれた子供はやがてピロの人たちの守護神になる。

ピファヨというのは幹の堅いヤシの木だが、人間の姿になる妖怪でもある。

密林のなかでもオアシスに相当するところがあり、大木は生えず、小さなバナナなどが生えている。一年のある時期には花が咲いて、庭園のようになる。それをピロの人たちは「妖精の畑」と呼ぶ。

アフリカ系ブラジルの海の女神の神話イエマンジャがある。ブラジルにはヨルベ族の奴隷が多く連れられてきた。そのときから彼らはイエマンジャを崇めてきた。イエマンジャはアフリカで、イフェのオロフィン王の妃となっていたが、海のかなたを憧れて、宮廷を逃れ、海の女神オロクンからもらった魔法の水を満たした壺を割って、そこから流れ出た水に運ばれてブラジルまでやってきた[140]。アフリカと似たブラジルの密林と海の風土が育んだ神話だろう[141]。

## ペルー（インカ）

ペルー人はチチカカ湖を敬っている。創造神ヴィラコチャが出てきたのがこの湖からである[142]。湖にはママ・コタという女神がいた[143]。ある男がそこにヤチリという神の神殿を建てたところが、この女神の怒りを買った。女神はすさまじい暴風を起こした。湖の水は沸き立って神殿を呑み込んでしまった。

インカ王パチャクチックの時代にチャンカ族がクスコに攻めてきた。するとある男が計略を思いついて、森の中や、丘の上にあった石という石に、ことごとく投げ槍と盾とをたてかけて、おびただしい軍勢がいるかのように見せかけた。王が彼らに敵にあたるように命ずるとたちまち石が人間に変わって、敵に押し寄せていって、敵は総崩れになった。そのあとは石はまた石に戻ったという。

「ユンカとは沿岸地域の湿って肥沃な渓谷地帯、あるいは連山地帯の西側斜面を指す」。「ワロチリのインディオたちはかつては沿岸地帯に住んでいた。だが、侵略者たちの出現によって、高地地帯に逆戻りさせられたのである」。「暗闇の数日間、遥かなる昔、太陽が姿を消し、世界は五日間にわたって暗くなった。石と石がぶつかりあった」。これは太古における暗闇の数日間を物語った神話であろう。

　ブラジルのマト・グロッソ高原地帯の端からアルゼンチンのパンパ大草原地帯にかけて広がる、大きな平原部をグラン・チャコと呼ぶ。そこでは一匹のカブトムシから世界がつくられたという神話も語られている。

インカ時代の神殿門に刻まれたヴィラコチャ像

アンデス山中ペルーとボリビアにまたがるチチカカ湖

「生活環境が亜熱帯性の森林と密接につながっている人々が、天と地とを結びつける樹木神話のほかにも、木々を素材にした数多くの民間伝承をもっている」のは不思議ではない。(『ペルー・インカの神話』)

　グアラニー族の歌は次のように歌っている。「われらの父が大地をつくったとき、至るところに森が広がっていた。サヴァンナは少しもなかった」。(クラストル『大いなる語り』)

　グアラニー[144]には樹木になった女の伝説がある。イザビーはその美貌と同じくらい傲慢だった。それ以上に人間的な感情を知らない女だった。川が溢れて死者の数さえわからないほどだったときも、彼女は顔色一つ変えなかった。村には次々に不幸が襲いかかり、人々は村を捨てて森に住んだ。イザビーもまた密林のなかに身を隠した。そのイザビーがある日ひとりで森を歩いていると、老婆があらわれ、寒さにふるえる孫のために薪を拾ってきてくれないかと泣いて頼んだ。イザビーは素知らぬ顔で森のなかを進んでいった。すると次には幼い病気の子を抱いた母親があらわれ、薬草を求めた。イザビーは今度もそのまま通り過ぎようとしたが、その時呪術師が呪う言葉が聞こえた。この女もいつか涙を流すようにという呪いだった。その途端にイザビーの足は地面にもぐりこんでいった。そして、彼女は「涙を流す木」に変身していった。葉先から露がしたたり落ちる木である。

アマゾンの熱帯雨林では、「なぜ雨が降るのか」という神話がある。それによると、天には大きな湖があって、その底には穴が開いているが、シラサギがそこにとまってその穴をふさいでいるときは雨が降らないが、シラサギが飛んでゆくと雨が降る。さらにシラサギの不在が長引くと大洪水になる。

アマゾンにはまた「夢を手に入れる方法」という不思議な話も伝わっている。ある狩人が森の中を歩いていると、大きな木の下で何十匹もの動物たちが眠っていた。そして狩人も急に力が抜けて倒れてしまった。彼は意識が遠ざかるのを感じたが、それとともに精霊の世界に引き込まれていった。翌日も同じところへ行って、同じような夢を見た。それが七日続いたとき、彼の夢のなかの精霊が、もう充分精霊の世界を見たのだから、これ以上そこへ来るのではないと言った。彼は悲しみながら、木の皮を剥いで持ち帰った。その樹皮には不思議な力があった。病気を治すことができるのである。しかし村人たちは彼を殺そうとし、狩人は村を去った。[145]

インカ以前のアンデス文明では海岸部の都市パチャカマックの神が最初につくった女が太陽の光線で孕んで産んだ最初の子供を殺して切り刻んで、その破片からトウモロコシをつくった話を伝えている。これは農作物の豊穣を祈る儀式で人身御供が求められたことを説明するものとされている。

## 北アメリカ（北米インディアン）

オジブエー族の文化英雄ヒアワサは、シュペリオール湖のほとりに小屋を建て、そのなかに籠もって精霊マニトゥーから力を与えてもらうために断食修行に入る。最初の日は森のなかを歩きまわって、鹿やウサギを見た。しかし冬になればいなくなる獲物だ。二日目は川端の草原を歩いて、野生の稲などを見た。三日目は湖のほとりに座って魚の生活を見た。それらの食料だけでは安定した生活はできない。四日目、マニトゥーから派遣された若者が、ヒアワサに格闘を挑んだ。これを倒して、土に埋めると、そこから緑の芽が出て、やがてトウモロコシになった。アメリカ・インディアンの主食であるトウモロコシの起源については、多くはトウモロコシの女神を殺して、その死体を埋めるとそこからトウモロコシが出たという神話が多いが、ここでは、若者の体からトウモロコシが出ている。芋類と穀類の違いはあるが、ハイヌウェレ神話のアメリカ版とみなされる。ヒアワサはその後、村をいたずらで壊乱させたトリックスターを退治する。最後に彼は白樺の皮のカヌーに乗って西北を目指して去ってゆく。

　太平洋西北岸には「北極光」の話がある。太陽も月も出ていないのに、不思議な光がみなぎっている。その光の国の人々は丸い球を空に投げ上げては、それを手に受けて遊んでいた。北極光の国の話はシベリアにもある。北極に近いあたりではシベリアでもアメリカでも同じような話が語られるのである。

　北米のトリックスターはコヨーテだが、ウサギのこともある[146]。そのウサギが川を渡ろうとして、渡れないので、鯨を呼び寄せて、並んだ鯨の背中を渡っていった。これは因幡の白兎の話の変種だが、インドネシアに類話があって、そこから来たものとされている。しかし、シベリアでは狐がアザラシを並べてその上を跳んでゆく。狐ももちろん地域的には典型的なトリックスターである。シベリアの狐とアザラシの話がアメリカにきてウサギと鯨になったのかもしれない。しかしここでは、川を渡ったあと、インディアンの子供たちがくるのを見て、砂原の上に寝転ぶことになっている。そのあと子供たちに焼き殺されそうになる。この辺はシベリアの狐が皮を剥がれる話より、ワニに皮を剥がれて赤裸になった因幡の白兎が、ガマの穂の上に転げ回って傷を治すところを思わされる。ウサギが狐や、インドネシアの方で豆鹿になるのはその地域の風土的変容だろう。海獣がワニになったり、アザラシになったり、鯨になったりするのも同様だが、こちらの方は、あまり日常的ではない獣が出てくる。トリックスターと獣の葛藤譚では、熊が出てきてひどい目に遭うのは日本でいえば、「かちかちやま」の狸が熊になっている場合を思わせる。北米ではウサギと蛙の葛藤譚もあるが、これは日本の「猿と蛙の寄り合い田」を思わせる。[147]猿は日本から東南アジア、アフリカにかけての地帯でウサギと並んで代表的なトリックスターである。

## 十一、アフリカ、オセアニアの神話

アフリカは人類揺籃の地だが、古代については記録が乏しい。長く部族社会にとどまって、王権や帝国の成立をみなかった。したがって、国の年代記のようにして創世記が記録される文化はなかった。言語的にも多様で、アフリカ全域に広まった神話は知られていない。それに対してマライ系の人々の移入によって多文化地域となったマダガスカルに一種の島嶼文化がつくられたのは注目に値する。オセアニアでも多数の島に分かれているようで、神話的には共通のものが見られる。

### アフリカ

蛇との婚姻譚は各地で語られるが、アフリカのシャガンニー族の「蛇の花嫁」でも語られる。水を支配する蛇の王子に見初められた王女は、蛇が魔法にかけられた王子であることがわかって幸せになるが[148]、物語の冒頭は干ばつで川も沼も干上がった風景が描写される。アフリカでは灼熱の太陽に水場が干上がってしまい、動物たちがわずかな水を求めて右往左往する様子がドキュメンタリー映画などで見られるが、蛇の王子が水を支配している様子はアフリカの風土をよくあらわしている。似た話はリトアニアの「蛇の女王エグレ」にも見られるが、こちらでは水が干上がるという光景は見られない。蛇神はアステカではケツァルコアトルである。雨の神はトラロックだ。しかし雨を支配する神が竜蛇神であるのは日本や中国で、それ以外ではあまり多くはない。それでも雷神は蛇型が多い。アフリカのドゴン族では、雨は空の羊が降らせる。蛇は機織りを象徴する。ここは「岩と崖の入り乱れて続く山岳地帯」だ。そこに「農夫であるとともに、戦士である人々が生活をしている」。彼らにとって「農業をおこなうことが機を織ることである」。がまた、「逆に機を織ることは農業をおこなうこ

干ばつで砂漠と化した南アフリカのトウモロコシ畑

とでもある。横糸の加えられていない縦糸はブッシュである。織り上げられた帯は耕した畑の象徴である。織機の外枠の四本の杭は、抒にあたる斧によって切り倒される木々とブッシュである。（……）そして縦糸に横糸を通すことはまだ耕されていない土地の中に生命と水と清浄さを前進させることなのである」（グリオール『水の神』）。

スワジ族に「鳥の王様」という仙境譚がある（『アフリカの神話伝説I』）。主人公は生まれながらの聾唖者だったが、「花のように吹き出た樹木の若葉で心も踊り立つほどな、とある狭い谷間」を通り越し、鳥の王のあとをついて、「深い緑の谷間が、長々と走っていて、大きい渓流が白く流れてい」るところで「覆いかぶさるような大木の木陰に、深い池が」「青々と澄みかえって冷た」い水をたたえたところへ出た。その池のほとりで待っていると鳥の王たちを従えた妖精があらわれて、主人公に言葉と聴力を与えてくれた。彼は鳥の群れに号令して人間の兵士たちにし、その軍勢を従えて、理想郷の探索にでる。やがて人々は「夕焼けに染め出された真っ赤な美しい谷間が、遥か目路の続く限り茫々と横たわった」ところへ出た。「ふさふさと青草の茂った谷間は、見るからにいままでにないほどに、美しく豊かそう」、「きれいな清水が、どこからどう湧いてきたのか、忍び出て流れて集まって、みっちりと茂った樹木のようなシダの藪の間をころころと音を立ててくぐり抜けながら、この谷間の真ん中をはしって」いる。「茂り立った両岸の藪には、真っ赤な花が、包み隠さんばかりに咲き誇って」いる。彼らはその理想郷に住むことにする。深い樹林のなかに真っ赤な花が咲き乱れるアフリカのジャングルのなかの清流の流れる地である。血なまぐさい部族抗争も、貧困も、病気もない緑の楽園としてのアフリカの風土がここにある。

そのアフリカの風土をつくった神話としてバンダ族はトリックスターのテレを登場させる。彼の双子の兄弟が天へ昇って創造神の仕事を手伝っていたので、彼も天へ昇って、地上に持って帰る動植物をもらうことにした。創造神は大小の籠に動植物を入れて、テレとともに長いひもで地上までたらしてやった。しかし途中で誤って合図の太鼓を鳴らしてしまったので、綱が切られて、テレは、動植物の籠と一緒に地上へ落っこちた。それでもテレは少しは動物をつかまえることができ、それが家畜になった。また、植物の種も確保できた分は栽培植物になった。残りが叢林や森林をおおう野生の植物となった。

## マダガスカル

マダガスカルはアフリカの東海岸の沖合にあるが、かなりアフリカの南端に近く、気候は温和で、稲作にも適している。また事実、主食は米で、肉や魚を炊き込んだ米料理が多い。そのほかにキャッサバもトウモロコシもあるが、神話としては米の起源を語るものが多い。少年が死んでその墓から米が生まれたという話もあり、また米をもらいに天へ行って、九番目の子供を犠牲にする代わりに米をもらったという話もあるが、より物語的なものとしては天人女房の話で、天人を女房にしていたものの、アルコールに関するタブーを犯したために、天人が天へ逃げ帰ったのを

棚田が広がるマダガスカルの高地地方

追い掛けていって、地上へ連れ戻したときに、天の庭で、乾かしていた米をつついていた鶏をもらってきて、その餌袋を切って米を取り出して蒔いて米つくりを始めたという話がある。米の神話は東南アジアなどでよくみられる「穂落とし」伝承として語られるものもあるが、昔食べ物がなく、天へ昇って神様に頼んだところ米を与えられたという方が多い。しかしマダガスカルの住民にはマライ人が多く、マダガスカルへ到着する前から稲作をやっていたものと思われるので、初めは米を知らなかったというのは、神話のアナクロニズムだろう。米はおそらくマライ人あるいはインド人が持ってきたものと思われる。

アナクロニズムといえば、米の起源として割礼の始まりを語る物語があり、天から米を盗んでくるのに包皮のなかに米を入れてもってきていた男が米の籾のせいで、包皮が切れてしまって、それ以来割礼をするようになったというものだが、割礼はこの地にイスラム教が伝わってきてからのものと思われるので、時代が前後するようである。

## オーストラリア（アボリジニ）

オーストラリアでは蛙が湖の水を飲み干してしまったのを笑わせて、水を吐き出させた。砂漠ばかりのようなオーストラリアでも内陸の海の神話があったのである。

「ナーラン湖の始まり」はバイアーメのふたりの妻がワニに喰われたのをバイアーメが助け出した話だが、ワニが地下水路を壊しながら逃げてゆくのを追って、川の合流点で追い詰めてワニを殺し、川の水が溜まるようにした。地下水脈を上手く導けば湖ができるのである。そこには数千羽の水鳥がやってきた。

また、「蜃気楼つくりのビーリーウン」の話もある。オウムの姉妹はウイーダーが好きだった。[149] そこにほかの男が結婚にやってきたので、ウイーダーと三人で逃げることにした。大きな草原を越えたときは、そのあとに火をつけて、足跡を消した。そのあと草原と茂みを交互に抜けてどこまでも逃げた。喉が乾いてきたが、どこにも水はなかった。

しかし「草原のはるか向こうに」「水の広がりが見えた」。蜃気楼だった。それは行けば行くほど遠ざかった。女たちは雨を降らせる歌をうたった。雨が降ってきた。やがて三人はビッグ・リヴァーに着いた。そこで小さなカヌーに乗って川を渡った。まず男が先に渡った。カヌーの持ち主は戻ってきて、女たちに、男を向こう岸にほっておいて、自分のところへ行こうと誘った。女たちは逃げ、カヌーのところへ行った。ところが驚いたことに、最初、彼女たちと結婚することになっていた男がそこにいた。「蜃気楼つくり」のビーリーウンである。それまでの草原と茂みの旅で彼女たちを導いてきた水のまぼろしは彼がつくりだしたものだった。女たちはすきをみて逃れた。男はいつまでも女たちのあとを追い掛けている。女たちが始め逃げるときにつけた草原の火は「尾根を越え草原を渡って地域の端から端まで広がり、木々を焼いたので、その時以来、木の幹はずっと黒い」（『アボリジニー神話』）。これがどこまでも草原と茂みの続くオーストラリア内陸部の風景である[150]。

オーストラリアの内陸部

## オセアニア

マウイは五番目の子供として生まれたが、はじめは子供として認知されなかった。そこで、彼は自分の出生の状況を説明する。「僕が生まれたところが海辺だったことを覚えている」。「あなたは自分の髪の毛を一束切り落とすと、それでこの僕をくるんで波間に投げ捨てた。僕はもつれた長い海藻に包まれ、海の中をあちらこちら漂ったあげく、微風がふたたび僕を海岸に吹き返した[151]」。「ぼくの周りにはクラゲがふわりふわりと泳いできて、砂の多い渚でぼくを護ってくれた」(『ニュージーランド神話』)。海藻やクラゲに護られた誕生はオセアニア独特のものだろう。日本ならどんな海岸でも打ち上げられているのを見かけるクラゲと海藻が、たとえば、地中海ではほとんど見かけない。マウイはその後、島釣りをして[152]、国土を増やした。マウイはハワイからニュージーランドまで広大なポリネシアの全域で語られる文化英雄になった。

マウイは早く死ぬが、その後、子孫たちは次々に大木を切って百人乗りのような巨船をつくって新天地を求めて大洋に乗り出した。カヌーにはもちろんサツマイモ、鶏、豚、水を入れた瓢箪などを積み込んだ。そうやって彼らはハワイからニュージーランドまで航海した。しかしタフィリの西風に流されて、テ・パラタの渦巻きに巻き込まれたものは二度と姿をあらわさなかった。アラワ号は無事にニュージーランドについた。そこベイ・オブ・プレンティは真紅のポフツカワの花盛りだった。

太陽を捕まえるマウイ
（ポール・ロックウッド画、1951 年）

海水は青く、南半球では十二月は真夏であるにもかかわらず、冷たく、土地の色彩は穏やかだった。またそこには飛べない鳥キウイがいて、連れてきた犬がやすやすとくわえてきた。湖には小魚が豊富だった。ポリネシアの人々は島から島へ移住を繰り返していた。[153] その航海は数千キロに及ぶこともあったが、ニュージーランドに移った人々がハワイに用があって戻るときは、早ければ七日で足りた。島々の風土はそれぞれ異なっていた。季節も異なっていた。ハワイは北半球に位置し、ニュージーランドは南半球である。ハワイで真冬のときにニュージーランドでは真夏だった。

海岸に咲くポフツカワ

# II　神話の風景

ジュリアン・デュプレ《乳搾りの女》1900 年頃

19 世紀まで見られた牧場での乳搾りの女がいる風景である。今は山の上の乳搾り小屋でも電気式の搾乳機が使われる。そこで搾ったミルクはすぐにチーズに加工される。

アルプスでは夏になると牛の群れを山の牧草地に追い上げ、秋にはふもとに連れ戻す。スイスでは自然保護のために、牧草地に放牧する牛の頭数が制限されているが、そのような制限をしていない国もある。そんなところでは、夏が近づいて、山の上に牛たちを追い上げるのが、いまだに盛大な夏祭りになっていて、大勢の牛がカウベルを鳴らしながら山道を登ってゆく。牝牛の女王を選んだりするのはそれより少し前の五月の風物詩である。

典型的な絵葉書の風景として、スイスアルプスでは、樅の林の向こうに雪山が連なり、手前には緩やかな斜面に青々とした牧草が生えて、そこに乳牛が数頭草を食《は》み、民族衣装を着た女性が乳を搾ったバケツを持って歩いているといった風景がある。もちろんこれは今ではもう現実には見かけない風景になった、というのは、乳搾りは牛舎で、機械式搾乳機で行い、牧場では搾らなくなったからだし、とくに水系の環境保護のために、ヘクタールあたりの牛の放牧頭数が三頭に制限されて、数頭まとまって草を食んでいる風景などは見られなくなったからだが、つい先ごろまでは電気もきていなかった東欧の山村では、いまだに乳搾りの少女の姿が牧場に見られただろう。これは早くから電化の進んだ西ヨーロッパでも、十九世紀までは見られた風景で、さらに十八世紀にまで遡ると酪農産業がまだ成立していないころは広々とした牧草地が広がるという風景も見られず、牛も林間放牧が普通だった。そんな時代には山の妖精が乳搾りの少女のところへやってきて口説いたり、牛を連れ去って迷子にしたり、牧草の草刈りを手伝ったりと

牛の数がまばらなスイスアルプスでの放牧風景。かなりな急斜面まで森林を伐採して牧草地にしており、あちこちに乳搾り小屋がある。

いう物語も普通に語られていた。それが村の放牧場でのことで、その先の、樅の林の奥には妖怪が棲んでいたし、さらに山を分け入った奥山は人間の入り込むところではなく、神々の領域だったが、ドイツの山では小人たちが鉱山で鉱石を掘り出していた。それに対して、カモメが鳴き叫ぶ海辺の風景はユーラシア大陸の西のはずれ、フランスのブルターニュ地方までいかなければ目にすることはないということはなくとも、神話の風景としてはほかではなかなか出てこなかった。[01]

## 一、海辺の風景

日本では、大国主が浜辺で海を見ていると、遥かかなたから、「かがみの」舟に乗って、少名毘古那《すくなびこな》がやってくるのが見えたし、[02] その少名毘古那がいなくなったあとは大物主が海原を照らしてやってくる。少名毘古那と大国主がそろって大洗海岸に漂着したともいう。神だけではなく、海岸には漂着物が打ち寄せる。なかには南の島から流れてくるヤシの実もあった。あるいは「恵比寿神」ともいわれた鯨の死体もあった。そもそもイザナギ・イザナミが最初に生んだヒルコが、足腰が立たなかったというので、葦舟に乗せて流されたのである。そのヒルコが流れついて、恵比寿神になったという伝承が各地にある。海の風景では神武東征やヤマトタケルの東征でも舟をしたてて、海路を行っている。そしてその途中でイナヒノミコトもオトタチバナヒメも入水している。[03] そもそも神武東征にあたってははじめに亀の背に乗って釣りをしながら、羽ばたきしてくる人があって、「汝は海道を知れりや」と尋ねると、「よく知れり」と言うので、この国つ神を水路の案内人としたのである。「羽ばたく」というから、鳥の姿であったとも思われるが、鳥人であってもかまわない。のちにはヤタガラスという鳥とも人ともわからぬものが神武の軍勢の先導をするのである。問題はその「鳥人」が速吸門の海岸にいたということと、のちのち水路の案内をしたということで、この一連の神話の舞台として海岸の風景があることである。[04] そして海岸には松の木が生え、その向こうには山が連なっているのが見えた。オセアニアならヤシの木が生えていた。たとえば応神天皇記にある「蟹の歌」なども海辺の風景だろう。「この蟹はいづくの蟹・百伝ふ角鹿の蟹・横去らふ

何処に至る・伊地知島　美島に着き・鳰鳥の　潜き息づき（以下略）」。

神功皇后の朝鮮遠征（月岡芳年『大日本史略図会 第十五代神功皇后』）

海岸で展開する物語はニニギノミコトとコノハナサクヤ姫の出会いの場にもあり、このとき姫は波の穂の上で機を織っていたのである。[05] あるいは大国主の国ゆずりの場でも、子供のひとりコトシロヌシは、「鳥の遊び」をしていた。というのは鵜を使って魚を捕っていたのではないかと推察されている。コトシロヌシはアメノトリフネとタケミカヅチに服順を誓うかどうか聞かれて、国ゆずりを承知して、舟を青柴垣につくり、舟をかたむけて、海神の宮へ去ったという。

そのほかにも天皇が舟に乗って女を訪ねたとか、皇后がそれを嫉妬して、舟で上流まで行って宮廷に帰らなかったといった話があり、第一部で軽く触れた神功《じんぐう》皇后の「三韓征伐」の話など、海国の物語に充ちているのである。日本を取り囲む海の風景は記紀のいずれの場面にも背景として存在しているといっていいだろう。[06]

そしてとりわけ因幡の白兎である。これは同じ話がインドネシアやシベリアにあることが知られており[07]、伝播譚であることは明らかだが、オホナムチが八十神とともに八上姫を娶りに行くところは海沿いの道であり、そこで、皮を剥かれて赤裸になったウサギを見かけ、真水で洗ってガマの穂の上に転がればいいと教えるところは、海岸にガマが生えている浜辺の風景を想起させるところだろう。[08] そしてウサギがワニを並べてその背中を跳んで海を渡ってきたところは、ワニかサメかという議論はいずれにしても、荒波

オホナムチとウサギ
（英語版『日本のおとぎ話』〔1908 年〕挿絵）

波に兎の文様

の波頭を跳んでウサギが海を渡っている光景を思わせる。浜辺に打ち寄せる波の白い穂をウサギが跳ぶ様子にたとえたともみられるので、これはのちの装飾文様の「波に兎」の風景である。風土記逸文によるとウサギはこのとき、隠岐の島に遊びにいっていたところが、島が洪水になって棲めなくなったので、ワニを呼んで因幡に帰ってきたのだという。ここはインドネシアでは川であり、シベリアでは湖だが、因幡では海になっており、インドネシアでも海に囲まれた環境には違いないにもかかわらず、物語の舞台は海ではなく川になっているのに対して、日本では海であるというところに風土的偏差があるが、日本では海のかなたから神がやってくるという思想があって、ここでもウサギは「ウサギ神」であったのである。[9]

海辺のドラマで同様によく知られている話は浦島太郎の話だろう。これも釣竿をもって亀に乗って海を渡ってゆく浦島の姿、[10]そして、竜宮へついてタイやヒラメの踊りを見ているところなど、絵入りの童話集にも載っていてだれも

亀の背に乗り竜宮へと向かう浦島
（英語版『日本のおとぎ話』〔1908 年〕挿絵）

がその情景を思い浮かべる。[11]

これには亀ではなくハマグリの場合もあり、釣り上げた亀やハマグリが舟のなかで美女に変身して、竜宮へ案内するのである。竜宮の想像とともに、海辺の民俗であって、漁師の浦島がそこにいても何の不思議もない。牧童が湖の底の竜宮へ案内されるというミャンマーの話でも竜宮は竜宮だが、湖と海では風景としては同じではない。漁師と牧童という違いもある。竜宮は山のなかにもあるとはいえ、山を越えて竜宮へ訪ねてゆくという話はあったとしても日本人にとってはぴんとこない。浦島の竜宮でも海底にある場合と、海のかなたにある場合とがあって、風景を異にするものの、海辺の神話としては、水平線のかなたへ行くのと、水平線の下へ行くのとに異郷へ行くということにおいては本質的な違いはない。

同じような海辺のドラマとしてはアンドロメダ神話がある。カシオペアーがうちの娘は海神の娘たちより美しいと言ったのを海神ポセイドンが聞いて憤慨して、カシオペアーの娘アンドロメダを海の怪物への生贄にするように要求したのである。やむなくカシオペアーは娘を裸にして、海岸の岩に縛り付けて、海の怪物がやってくるのを待っている光景がよく絵に描かれる。そこへ、メドゥサ退治から戻ってきたペルセウスがやってきて、その光景を見て、怪物を退治して娘を救ったのである。これを日本のヤマタノオロチ神話と同じとする説が流布しているが、ヤマタノオロチが内陸部の川のほとりの風景であるのに対し、こちらは海岸の岩場で風景が異なっているし、ヤマタノオロチが毎年決まってやってくる神に生贄を捧げなければならないのであって、アンドロメダがこのときだけの犠牲であるのとは事情が異なっている。[12]もちろん竜退治の英雄の性格・出自も異なっている。スサノヲはなんといっても神であり、暴風神だが、ペルセウスは人間であり、とくに暴風にかかわるわけではない。彼はそもそもゼウスとダナエの子で、ゼウスが黄金の雨になって交わったのである。[13]ダナエの子によって殺されるという予言があって、それを怖れた王が、青銅の塔とも地下室ともいうが、いずれにしても密室にダナエを幽閉していたのを、ゼウスが黄金の雨になって犯したのである。どうやら天井がドームになっていて、てっぺんが開いていたらしい。パンテオンなどの円形神殿では頂部が丸く開いていて、そこから雨が入ってくる。ローマのサン・ピエトロ寺院のドームも頂部に小列柱コロネットを配し、その上に蓋をしている。そのコロネットの間から雨が入り込むのである。[14]

そこで生まれたペルセウスは、いったんは母のダナエとともに海に流されたのである。[15] 彼はとある島に漂着し、親切な漁夫に拾われ、養育される。しかしダナエの容色を見て心を動かしたその地の王ポリュデクテスの命によりメデューサの首をとってこなければならなくなった。ダナエとの結婚に障害となっていたペルセウスを亡き者にしようという魂胆だった。しかしペルセウスには女神アテナがついていた。女神の助言でペルセウスは無事メドゥサの首をとることができた。アテナに青銅の盾をもらい、それに映してメドゥサの首をとったのである。直接メドゥサを見ると石になるのだった。

ティツィアーノ《ペルセウスとアンドロメダ》
1553-59 年、ロンドン、ウォーレス・コレクション

ヤマタノオロチの尾からは草薙の剣が出てくるが、ペルセウスが退治したポセイドンの竜からはなにも出てこない。スサノヲはヤマタノオロチを退治するのに、おろちに酒をのませて酔っ払ったところを斬り殺したが、ペルセウスはそのような詐術は使わない。彼が持っていたメドゥサの頭を見せれば、相手は石になったはずだが、それも使わなかった。メドゥサの首を切るには、アテナにもらった青銅の盾にメドゥサを映して、直接メドゥサを見ることを避けたのである。ほかに彼が使った呪物では隠れマントと空飛ぶ靴、それにヘルメスにもらった剣があったが、いずれも怪物退治に役に立ったわけではない。空飛ぶ靴はヘルメスの装束のひとつでもあるが、ここはニンフからもらっている。これを履いて空を飛んでいるときに、アンドロメダを目にして、下りてきて怪物を退治したのである。空を飛ぶのはメドゥサを殺したあと、ゴルゴン姉妹の追跡を逃れるのに役立ったが、ここでは空を飛ぶ必要は必ずしもなかった。ヘルメスの剣はメドゥサ退治にも海の怪物退治にも使われたが、なにか特別な機能があったわけではない。その点は草薙の剣でも同じで、特別な仕掛けのあるものではなかった。のちにヤマトタケルが東征をするときに持っていって、焼津で野原に火をつけられたときに、この剣で周りの草を刈り、向い火を放って難を逃れたというだけで、だから草薙の剣というとある。草刈り鎌のかわりということで、これが三種の神器になったために、特別視されるが、のちの名剣の誉れの高い正宗、村正の剣のように、鞘をはらえば、雨を呼ぶといった伝説はなく、ただの剣であり、時代的に青銅製とも思われる。

## 二、白い猪と白鳥

草薙の剣の話のついでに、ヤマトタケルの神話を瞥見しておくと、オトタチバナの入水[17]、伊吹山の猪神との対決、死後、白鳥となって飛んでいった件などが名高い[18]。そのなかのひとつ白鳥伝説では、白鳥が衣を脱いで、女になって湖で水を浴びていた話が多いなかで、ヤマトタケルが白鳥になったというのは、ほかには例がない話だろう[19]。もっとも白鳥がヤマトタケルの魂をさらっていったなら、変身譚ではなく、魂の運び手サイコポンプの話で、死者はそこに横たわっていたに違いない[20]。もうひとつホムチワケが口をきけなかったとき、白鳥が飛ぶのを見て「あぎ」と言ったという話ではその白鳥が雄だったのか雌だったのか、あるいは人間や天人が変身した鳥だったのか、ただの鳥だったのかなど、詳しいことはいっさいわからない[21]。そのあと簸の川へ行って[22]、蛇女神ヒナガヒメとまぐわいをしたところでは、川の下流に青草を積み重ねたところがあって、それはなんだろうと言ったのが初めての言葉だったともいい、またその青草のなかで、ヒナガヒメと一夜を過ごしたのであれば、蛇神の変身の場を演出する仕掛けだったか、あるいは神を祀る装置だったのか、これもなんともいえないところだが、川の中州に青々とした草が積んであったというのは、蛇神との聖婚の舞台装置としてはいかにもそれらしいと思われる[23]。コトシロヌシの青柴垣をも思わせる[24]。葬礼であれ、婚礼であれ、青草を刈って囲いを巡らせたところで、変身の秘儀が行われるのである[25]。

変身といえば、ヤマトタケルが伊吹山で出会った大きな白猪は、山の神の変身した姿だった。しかしヤマトタケルはその変身に幻惑され、それを山の神の使い神と誤認した。そして、お前は帰りに退治することにしようと言ったのである[26]。それが山の神を怒らせた。おかげで、風邪でも引いたのか、寝込んでしまい、そのまま死んでしまうことにな

伊吹山を背にしたヤマトタケルと猪の像

る。伊吹山の中腹で猪と対決しているヤマトタケルの姿は絵になる光景だ。フランスの中世説話では、森で白猪が騎士を案内して妖精の城へ導く話がある。白い動物は神の使いである。[27]その意味では、その猪を神の使いとみたヤマトタケルの認識にそれほど大きな誤りはなかった。[28]白猪はただの猪ではなかった。

ギリシアでは冒険旅行の途中、行く手に立ちはだかるのはライオンなどの猛獣であることもあるが、それ以上に巨人であったり、山賊であったりする。動物の場合はむしろ神婚の物語として語られる。

ギリシア神話では、動物に変身した神との聖婚の場としては、牡牛に変身したゼウスがエウロペをさらう場面が思い出される。これについてはティツィアーノら、数多くの

ティツィアーノ《エウロペの略奪》1559-62年
ボストン、イザベラ・スチュワート・ガードナー美術館

画家が想像をたくましくしているが、これはまさに牛神とエウロペの婚姻の場であり、クレタ島へさらっていったというだけではなく、牛の姿の大神とその祭祀であるエウロペが聖婚をするので、女と牛が交わった場面であるパシパエとポセイドンの牛との、これも聖婚であったものと同じなのである。パシパエの場合は海岸ではなく宮殿のなかでひそかにおこなわれた交わりであったろうが、エウロペの場合は、乙女たちが遊びたわむれている風光明媚な浜辺で、衆人環視のなかで、誘拐がおこなわれるのであり、その誘拐とは、実態はその場での交合であったことは、この場面をいいあらわす近代の言葉が「rape」であることからも知られるだろう。誘拐と強姦は同じなのである。そしてその背景は地中海の海岸の牧歌的ともいえる風景なのである。

ゼウスとエウロペの「婚姻」が青空のもとであったことは、同じゼウスの色事でもほかとは一色違っていて、たとえば、ゼウスがペルセウスをダナエに孕ませた「婚姻」は、密室のなかに天蓋から降りそそぐ「黄金の雨」によっており、また同じゼウスがイーオーと交わったときも黒雲となってイーオーを包み込んでいるし、やはりゼウスがセメレのもとに通ってきたときは雷神として、雷霆を轟かせながらやってきているのである。[29]

神の情事は嵐や暴風雨などによって表現されるような荒々しいものであるのが普通だったので、晴れ渡った青空のもとで、大勢の証人に見守られながらながら、神がエウロペにのしかかったことを、エウフェミズムとして、エウロペが牡牛に乗っかったように物語ったとしても、これはかなり異例なことであった。

ゼウスの色事で、変身が伴うのは、白鳥に化けてレダに通った話でもあって、これも昼間のそれも野外であったとみられるが、現在はオリジナルが存在しないミケランジェロの絵では、白鳥とレダの「婚姻」がはなはだ具体的に描写され、レダの股間に白鳥がわりこんでゆくのである。上村くにこに『白鳥のシンボリズム』という本があり、豊富な図版でこの「婚姻」のエロチスムを論じているが、なかでもミケランジェロのそれはブーシェの絵と並んで、かなり生々しいといわざるをえない。これが世の東西で、繰り返し語られた「白鳥乙女」の物語の究極の光景であるといってもいいだろう。ヤマトタケルが白鳥となって飛んでいったのは、その男性版だが、そのときの白鳥はヤマトタケルの魂をあの世へさらってゆくサイコポンプであったので、タケル自身が白鳥に変身したのでは必ずしもなかったかもしれない。その点はホムチワケの場合も同じなので、空を飛んでいった白鳥が女神であったとしても不思議はないし、その後、簸の川で蛇としてあらわれた女神の予備的な姿であったかもしれないのである。[30] それはヨーロッパの妖精譚で、森にあらわれた白鹿が妖精の水浴の場に主人公を導くのも同じことである。

　であれば、白鳥の騎士は？となるだろうが、ここで騎士が乗る舟を牽いてきた白鳥は、騎士の出現と退場を予告するもので、騎士と白鳥とは一心同体なのである。そもそもこの白鳥は六羽の白鳥の一羽で、妹が口をきかずに織り上げたシャツを着せてもらってほかのものが人間に戻ったときに一羽だけ人間に戻ることができなかった白鳥なのである。[31]

ミケランジェロ《レダと白鳥》1530年代
（ロッソ・フィオレンティーノに拠る模写）
ロンドン、ロイヤル・アカデミー・オブ・アーツ

フランソワ・ブーシェに帰属
《レダと白鳥》1740年頃

## 三、彼岸の風景

神が地上の乙女をさらってゆく「rape」の場はハデスによるエウリュディケの誘拐の場でもあるだろう。乙女が野原で花をつんでいるところを冥界の王ハデスがさらっていったのだ。それをオルペウスが竪琴を奏でながらケルベロスを魅了して冥府へ入り込み、エウリュディケを取り戻したのである。その際、ただし、冥府を去るまでは決して後ろを振り向いてはいけなかった。どうやらこれは地獄の川を渡る場面ではなく、地上へ坂道を上ってゆくところのようで、振り返ったとたんに、冥府の住人たちが再度エウリュディケをさらってしまった。その場面を描いた絵では木々がまばらに生えている風景だが、ギランの『ギリシア神話』では、冥府には一本も木が生えていないという。こ

ジャン＝バティスト・カミーユ・コロー
《冥界からエウリュディケを連れ出すオルペウス》
1861年、ヒューストン美術館

神々の怒りを買って永遠に止むことのない飢えと渇きに苛まれ続けることとなったタンタロス
（ティツィアーノの作品に基づく銅版画
1565年頃、アムステルダム国立美術館）

れは『オデュッセイア』でキルケが冥府を説明するところからきているようだが、たしかに冥府には日が射さないのだから、木が生えるわけがないのである。とはいいながらタンタロスの苦しみの場面ではたわわに実った果実の木が描かれる。

地獄の風景がそんなものだったとすると、楽園の風景としては、プッサンの《アルカディアの羊飼いたち》がある。牧童たちが古い墓を発見し、その碑銘を読んでどういうこ

ニコラ・プッサン《アルカディアの羊飼いたち》
1637-38年、ルーヴル美術館

となのか解釈している図である。その絵の光景自体は決して楽園を描いてはいないが、「われもまたアルカディアにあり」という碑銘は過去の話で、楽園は過去に住んだ地なのだろう。[32] かたわらに女神が立ってそれを見守っている。アテナとも、あるいはムーサともみられるが、墓の上には頭蓋骨も置かれている。プッサンには「黄金時代」を描いた作品（下図）もあり、一粒が人の頭くらいのブドウの大きな房を担いでゆく人が描かれている。楽園があったとすればそんなところだったかもしれない。アルカディアとは地上の楽園で、黄金時代に存在したものと解するのが普通だろう。なおアルカディア県は実在するが、農耕には適さないランド地方で牧畜が盛んである。また、このプッサンの絵を聖杯探索の文脈で読む見方もある。

アルカディアではないが、神々の聖域を描いたものではマンテーニャの《パルナッソス山》がある。アプロディテーとアレスが岩の上から見守っているところで、九人のムーサが踊りを踊っている。踊っているのがムーサなら、それを見守るのも文芸の女神アテナであるほうがふさわしい

ニコラ・プッサン《四季：秋／約束の地》
1660-64 年、ルーヴル美術館

ともみられるが、アテナは処女神で、そのわきに男神を立たせるには、神々のカップルのなかでもっとも仲のよいアレスとアプロディテーになったのだろう。岩山の下の方ではヘーパイストスが彼の鍛冶場から顔を出して不貞の妻にこぶしを振り上げている。神々のドラマを演出する風景である。さらに女神が立っている岩が眼鏡橋のようになっていて、その向こうに楽園的田園風景が見える。岩山の上にはオレンジが生っている。ムーサの踊りに伴奏するのは時の翁である。画面の反対側にはペガソスと並んで立つヘルメスもいる。時の翁が人生のロンドを伴奏するという絵柄ではプッサンの《人生のロンド》もある。時をあらわすヤヌス神の像が左に立ち、右では時の翁が竪琴を弾く。

ヘルメスと女神たちのロンド、それを見守るアプロディテーという構図はボッティチェルリの《プリマヴェラ》のそれである。手を組み合っている三女神はボッティチェルリでは三美神だが、その踊りへ駆け寄ってくる右端の二人はボッティチェルリではクロリスとフローラである。左側にはヘルメスもいる。アプロディテーはどちらでも画面の

アンドレア・マンテーニャ《パルナッソス山》
1496-97年、ルーヴル美術館

中央に立って、神々の踊りを見守っている。マンテーニャの絵で、ロンドの伴奏をするのは時の翁でなければアポロンかもしれない。ムーサたちのリーダーとしてはアポロンだが、画面上での描かれ方はアポロンの光輝をもたない。むしろ反対側のヘルメスが大きく描かれる。画面は右から左へ流れてゆく。ムーサたちは西へ向かって逃れてゆくように見える。これは《プリマヴェラ》でも同じである。いまにも飛び立とうとしているペガソスとそれを押さえるヘルメスはムーサたちの動きを指示しているように見える。アプロディテーとアレスのカップルは神々の祝福するものではない。ヘーパイストスがそれを呪うのは当然である。西へ逃げてゆくムーサたちが何をあらわしているのかが問題だが、技芸の花咲くパルナッソスが今、呪われた情事のために、その様相を変えようとしているのだとも見られる。ムーサたちがヘルメスとともに退場すれば、そこは木も草も生えない岩山に変わるだろう。季節の移ろいを描いた《プリマヴェラ》にも同じような変化の兆しがある。《人生のロンド》でも、花咲く青春はまもなく、灰色の老年に席を

ニコラ・プッサン《人生のロンド》
1634年頃、ロンドン、ウォーレス・コレクション

譲る。天空には暗い暗雲が垂れ込めている。その上にいるアポロンの光輝はまもなく、黒雲におおわれるだろう。《プリマヴェラ》でも、西風は花を散らし、野原を冬の装いにするだろう。その季節の巡りの先に待っている「冬」あるいは「死」を画家は巧みに隠蔽して、一見楽しげな春の雰囲気を描き出しているものの、三美神の踊りも不調和をしか生み出さなる[33]。

これら一連のロンドを導くのは「時の翁」だが、オルペウスである可能性もある。《冥界のオルペウス》の構図は、これらのロンドに似ている。異界と彼岸とに通底するところがあるのである。

ヘルメスは《プリマヴェラ》では西の空の楽園を指し示している。あるいはそれは「楽園」ではなく、死の国かもしれない。パルナッソスでも神々の使者として、春の踊りに神々を招集する役を果たそうとしているのかもしれない。あるいはヘルメスはサイコポンプで、死者の魂を冥府へ運ぶ役をする。この絵の構図が《人生のロンド》と同じなら、楽しげなロンドの行く先は死ではないか[34]。なお《プ

サンドロ・ボッティチェルリ《プリマヴェラ》
1482年、ウフィッツィ美術館

リマヴェラ》では女神の足元に百種類の草花が咲いているが、背後の樹木にはオレンジが実っている。南欧の夏の風景である。西風ゼピュロスにさらわれるクロリスはフローラになり、《ウェヌスの誕生》ではゼピュロスとともに、ウェヌスに風を送っている。フローラはこちらでは花の衣を裸身のウェヌスに差し出している。波間に生まれた愛の女神の背景は典型的な海景であり、《プリマヴェラ》の背景は一見暗い森とも見えるが、黄金色の実がなったオレンジの林苑である。

ジャン・レストゥ《冥界のオルペウス》18世紀、ルーヴル美術館

## 四、山と聖地

オリュンポスは広くいえば山岳聖地である。ただ、宗教実践としては信者がオリュンポスに登って神を礼拝したり、山の洞穴に籠もって再生の試練に服したりすることはなかった。ギリシアの聖地エレウシスは平地である。[35] ディオニュソスも生まれてすぐヘルメスがニュサ山のニンフに預けたというが、これがどこの山かわからない。その後のバッコス教では、女たちが神のあとについて山に入り、山野行をしたというが、具体的な山が聖地として指定されるわけではない。しかしオリュンポスにしても、バッコス教の山野行にしても、古態としてはギリシアの宗教が山岳宗教の要素をもっていたことは確かだろう。インドの場合、ヒマラヤは聖なる山であり、シヴァとその妃でヒマラ

ヤの娘といわれるパールヴァティが籠もるところだし、カイラーサ山などのように聖山として信仰されるところもある。『マハーバーラタ』の最後でもパンドゥ一族は山へ登ってゆく。彼岸は山にあったのである。しかしのちには隠者が瞑想に耽るところも森のなかとされるようになり、山岳宗教が森林宗教に置き換わったとみなされる。しかしインド神話の世界は海辺の風景ではなかった。山か森だった。中国には五岳のように山岳信仰の痕跡はあるが、宗教実習の対象としては山は忘れられていった。西王母が崑崙山に住んでいるというくらいで、それに対応する東岳があったが、天帝のいるのは天の平野であった。インカでは突兀《とっこつ》たる山の頂きに王都を築き、人工のピラミッドとともに自然のピラミッドとしてマチュピチュのような山を信仰した。ただそれでもアンデスの六千メートル級の高山を信仰するものではなかった。ヨーロッパでは、アルプスは悪魔の領域として怖れられ、人の入り込まぬところとされていた。したがって、フランスアルプスの最高峰モンブランもその存在を確認されたのは十八世紀に入ってからであった。[36] ただ、ローマ時代にローマから移植された信仰では、ユピテルやマルスの神殿が好んで山の上に建てられて、平地の都市を睥睨していた。ローマ自体ではせいぜい七つの丘に神殿が建てられるくらいだったが、ガリアの地では、丘というより山という方がふさわしい地に神殿が建てられたのは、神々が高みに住むという思想からきていたのだろう。[37]

　ところで日本では富士信仰、御嶽信仰などのように山を信仰する宗教実修が、かなり時代を下ってからとはいえ、民間に広まっていたし、山岳修験道も盛んだった。これももちろん大昔は山は怖ろしいところで、用のない者が登るところではなかったが、播隆上人による「槍ヶ岳開山」にみるように、天下の険に登ることに聖なるものへのアプローチがなされたのである。それに三輪山のように、山をご神体とする神社も少なくなかった。諏訪大社もそのひとつである。修験では英彦山、石鎚山、吉野金峰山など怪異な山容の山で苦行がされ、神が下って寄りつく神体山としては円錐形の秀麗な山が敬われ、御嶽山、立山、戸隠には参詣登山がおこなわれた。参詣登山の筆頭は富士山で、御嶽講と並んで富士講が人々を集めた。富士では山頂に近い岩屋に参詣者たちが籠もる様子もみられた。

そのほかに出羽三山の月山、湯殿山にも信仰登山が盛んだった。白山も、その講が全国に広がっていた。

もともとは海洋民だった日本人が、信仰のためには山に登るのだった。しかし、富士の岩屋だけではなく、戸隠の修験が籠もった洞穴でも、山のなかの洞窟に聖なるものを見る傾向があった。[38] これはルネ・ゲノンによれば、山中の洞穴こそ生まれ清まりをする試練の場だということになる。[39] たしかに設楽の花まつりの里でも祭りの準備の間、「白山」と称する人工の洞穴に籠もって身を清める習慣がある。さらに洞窟は山だけでは

大神《おおみわ》神社の大鳥居とご神体の三輪山

右上に富士登山の途中で洞窟に籠もる参詣者たちが描かれている
（葛飾北斎『富嶽三十六景：諸人登山』）

なく、加賀の潜戸のように海岸においても聖地とされ、佐多大神はその加賀の潜戸で生まれたとされる。[40] 山中でも海岸でも洞穴は母胎であり、そこに神が生まれ、人がそこで生まれ清まるのである。と同時に戸隠の紅葉のように、あるいは愛宕山の天狗のように、山は妖怪変化の棲むところでもあった。[41]

聖であれ、魔であれ、山は超越的な存在が棲む領域であり、山麓の平地は日常生活の場であった。[42] 山はまた天に近いという位置関係から、神を迎える場所でもあった。日本では村里に里宮があり、山に山宮があり、浜に浜宮があれば、山上に奥宮があった。ヨーロッパでも山岳地帯では、年に一度の大祭などでは、聖母像などを担いで、山上へ巡行する例が各地にみられる。山上に聖母像などを建てる地域も少なくない。これに対してはユーラシアの草原地帯では、草地に祭壇を築いて、天を崇拝する風習がみられた。

## 五、蛇神と海神小童

ゼウスの変身の風景でひとつだけ追加しておくとすると、アレクサンドロスの出生を巡る伝説のひとつに、ゼウスが蛇になってオリュンピアスの寝床に通ってきたというものがあり、[43] その場面を描いた絵では下半身蛇体のゼウスの腰から立派な男根が伸びていて、まさにオリュンピアスの股間に入り込もうとしているものがある（次頁上図）。これは室内の光景だが、目撃者がいないわけではなく、奥の扉を開けて、夫のピリッポスが覗いているのである。ピリッポスは妻にのしかかっている男が大いなる神であると悟って、怖れて退くのである。ゼウスの方は見られたことがわかっても気にしていないようである。白鳥になってきたときとは違って、蛇体は下半身だけだから、なかば公然たる不倫である。ゼウスは蛇神である。蛇としてのゼウスはゼウス・メイリキオスと呼ばれる。娘のペルセポネと交わったときも蛇体だった。

蛇神ゼウスがアレクサンドロスを産ませた場面は、先に見た通りだが、各国の神話で多いのは蛇女神である。なかでも有名なのがフランスの蛇女神メリュジーヌだが、これにはトヨタマヒメの話や、朝鮮の作帝建の妃の話、そしてミャンマーのクン・アイ神話が対応する。そのほかにインドにもガンガーの話などがあるが[44]、それぞれの地域ごとに風土的な変容をしている。メリュジーヌは周知のように水の妖精で、土曜ごとに蛇にならなければならなかった。彼女はレモンダン・ド・リュジニャンと一緒になるときに土

ジュリオ・ロマーノ
《オリュンピアスを誘惑するゼウス》
マントヴァ、パラッツォ・デル・テ

幼子に授乳するメリュジーヌ
（『メリュジーヌ物語』1420年頃の写本、
フランス国立図書館）

曜には姿を見ないでくれと頼んでいた。しかしレモンダンは見てしまった。すると下半身が蛇になって水浴をしていた。それを見られたメリュジーヌはしばらくはそんなことがなかったことにしていたのだが、息子のジョフロアが僧院の焼き討ちという悪行を犯したとき、[45]レモンダンが、これも蛇女と一緒になったからだと言ったために、もはやこれまでと竜に変身して窓から飛び去ってしまったのである。

それに相当する日本の話はもちろんトヨタマヒメの話だが、ホムチワケが簸の川で交わったヒナガ姫も同じ蛇女神だった。というよりトヨタマヒメは見ないでくれという出産の場を覗いて見るとワニだった。蛇ではなかったのである。[46]高麗の作帝建が竜宮へいってもらってきた竜女はまさに竜だった。これは毎週土曜だったかどうかは暦のなかった時代の話で不明だが、定期的に竜になって宮殿の隅の井戸から竜宮へ帰っていた。あるとき、それを作帝建に見とがめられて、もはやこれまでと竜宮へ帰ってしまう。ミャンマーのクン・アイ神話では湖のほとりで、笛を吹いてい

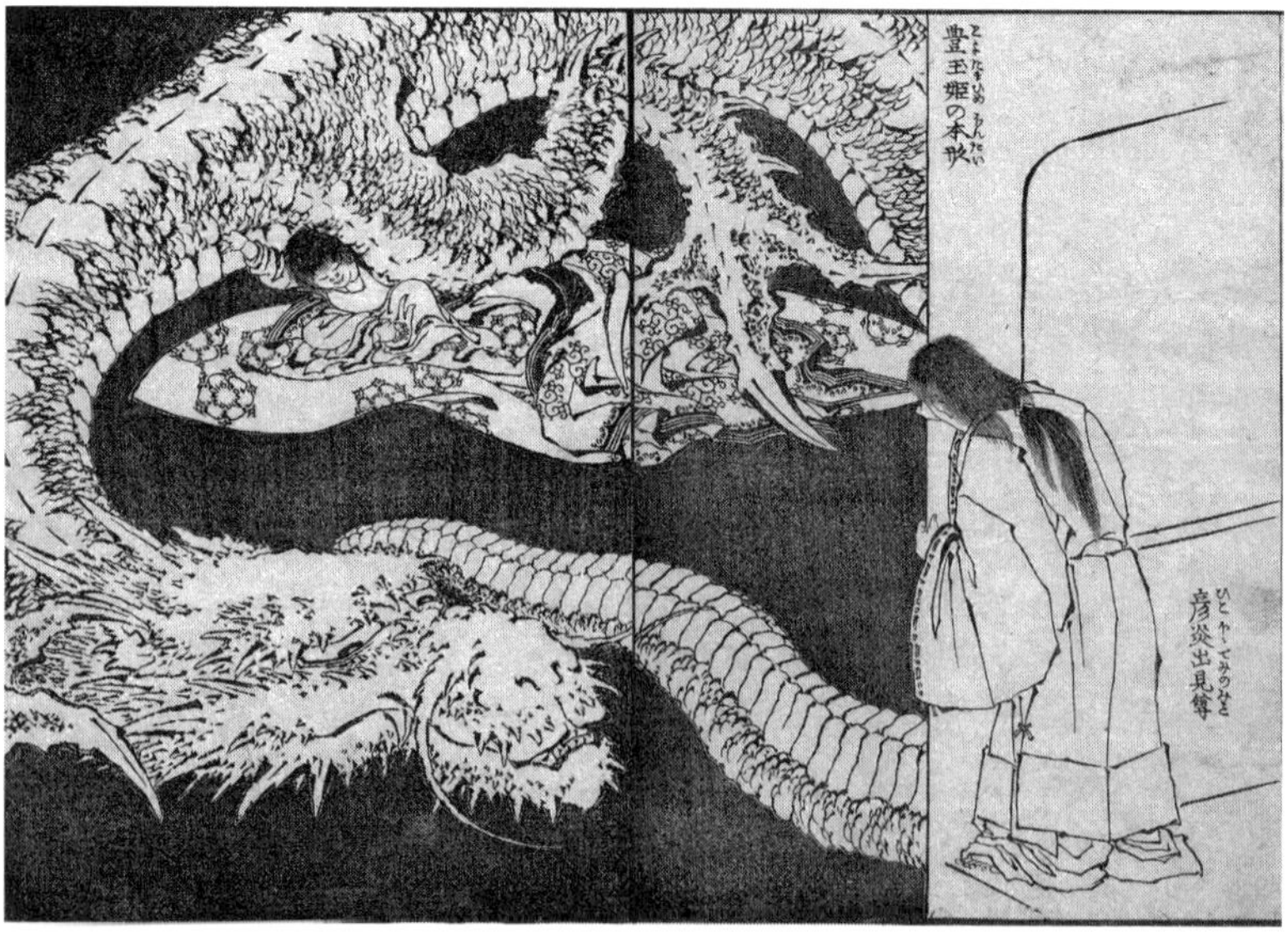

竜の姿で描かれたトヨタマヒメ（葛飾北斎『和漢絵本魁　初編』）

た牛飼いのところに湖の竜女が笛の音に聞き惚れてやってきて睦み合い、牧童は竜宮に招かれるのだが、ある日、今日だけは外を見ないでくれと言われたのに、外を見ると、そこには竜がいっぱいうごめいていたので怖ろしくなって地上へ帰ってきた。[47] そのあと竜女は湖の岸辺にやってきて金色の卵を産み落としていった。そこから、その国の始祖クン・アイが生まれるのである。[48] このクン・アイ神話が一番メリュジーヌに近いが、物語の風土的変容はまた一番きわだっているかもしれない。ガリアでは森の中の泉のほとりで歌を歌っていた妖精が、こちらでは湖の主になり、牧童の笛の音に惹かれてやってくるのである。またその後もこの世ではなく竜宮で物語が進行する。[49]

　インドのガンガーはワニ女神だったが、一緒になったシャンタヌ王は女神のすることに口を出してはいけなかった。ところが生まれてくる子供を次々にガンジス川に投げ込むのをだまって見ていられなくなって、口を出したとたんに、女神はこれまでといって消え去ってしまう。子供たちを神にするために川に流していたのである。

　インドではほかに天女《アプサラス》のウルワシの話もある。天女と地上の人間の婚姻譚だが、この種の話の通例として禁忌が課される。ここでは天女に夫の裸身を見せてはならなかった。しかし天女の同輩であるガンダルヴァたちがなんとかウルワシを天界へ連れ戻そうとして知恵をしぼった。ウルワシと王は子ヤギを飼ってかわいがっていた。その子ヤギをガンダルヴァたちがさらっていったのだ。王はそうはさせじと裸のまま寝床から飛び出して追い掛けた。そこにガンダ

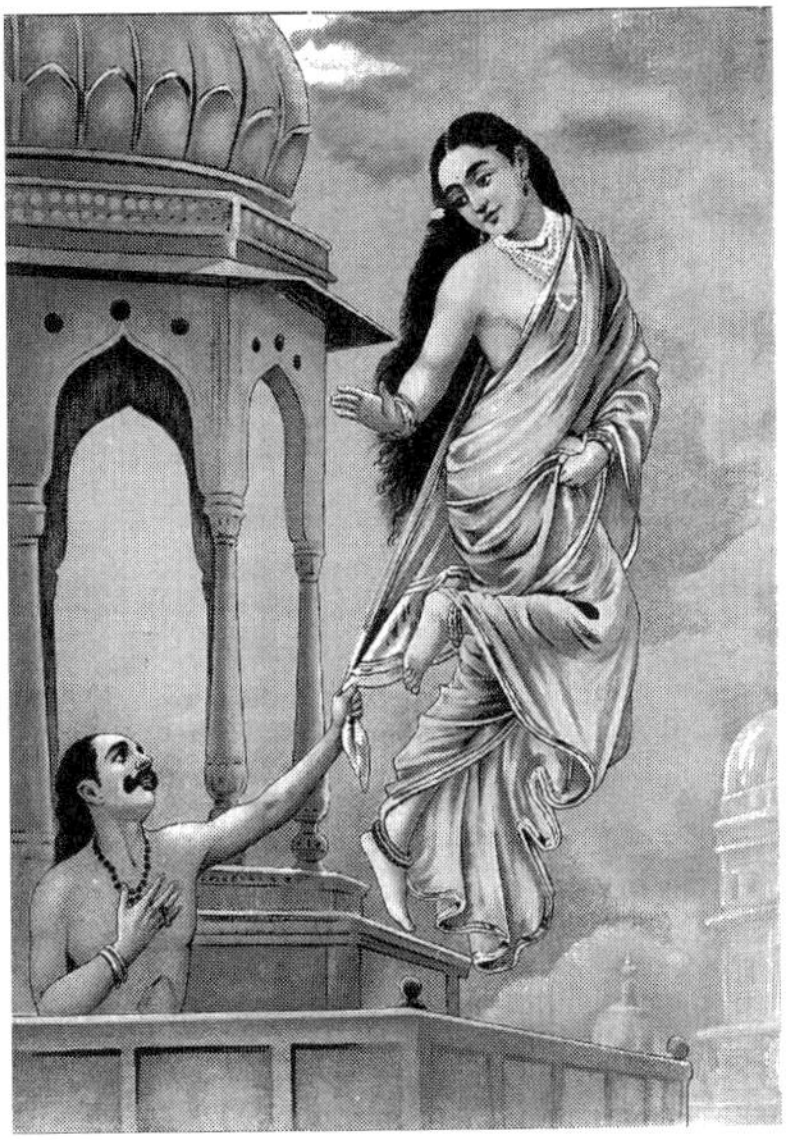

ウルワシとプルーラヴァス王
（ラヴィ・ヴァルマ画、1906 年）

ルヴァたちが雷を光らせた。王の裸身は天女の見るところとなって、禁忌は破られたのである。王が天女の裸身を見てはいけないというなら話はわかりやすいが、天女に裸身を見せてはいけないというのは、なぜそんな禁忌が課されるのかわかりにくい。しかし、ウルワシは天女である。神と人間の間だが、広い意味では神々の同類であろう。人間としては神と同様に畏敬しなければならないのである。神を祀るのに裸になるということはない。しかるべき礼服をまとうことが求められるのである。それに対して裸になるということは、天女に向かってなれなれしい口をきくことと同じ、敬意を欠いたことだったのではないだろうか。

もっともほかの天女たち、ランバーとかティロッタマーなどの話をみると天女といってもそれほどありがたがらなければならない存在とも思えない。ランバーはヴィシュヴァーミトラの苦行をやめさせるためにインドラの命を受けて聖仙を誘惑しようとした。ティロッタマーは、不死を願うふたりの悪魔の苦行を破るために梵天につかわされた。彼女たちはほとんど裸になって苦行者を誘惑した。そこには禁忌など少しも課されていないようである。また、やってくるときにもウェヌスのように貝に乗ってやってきたといった特異性はもっていない。ウェヌスは貝の中で生まれ、貝に乗って地上にやってくるのである。

天女は天からやってくる。白鳥乙女も同じであり、天人女房でも天からやってくることに変わりはない。白鳥や蛇の姿でやってくるのである。天と地の間の交通手段としての鳥の姿は、海神小童《かいじんしょうどう》の入ってくる桃などと同じである。異界からの来訪者は卵や貝や果実のなかに入ってやってくる。そして、人間はその異界のまれびとに接するのに、厳重な禁忌と複雑な儀礼を要求される。天女たちについての禁忌は明示されていないが、羽衣、あるいは飛び衣を奪うことによって地上に留めることができ、それを見せることによって、彼女たちを失うことになるのであるから、羽衣を見せることが禁忌であったとみてもよさそうである。

それに対して海神宮からやってくる桃太郎ほかの海神小童にはそのような禁忌がやはり明示されないようにもみえ

る。桃太郎は少なくとも桃から生まれて鬼退治にゆくというだけで、彼にむかって言ってはいけない言葉のタブー、あるいはしてはならない行為のタブーは知られていない[50]。あえていえば、木こりが売れ残りの柴を奉献していたお礼に竜宮からもらってきた如意童子には、もう結構だといったたぐいの言葉を言ってはならなかった。それを言うと、それまでに如意童子がつくりだした立派な館も宝物も即座に消えてしまうのである。あるいは黄金子犬であれば、いちどきにたくさんの小判をひりださせようとして、へそを火箸でつついたりするとそれっきりで死んでしまったりする[51]。これも、相手がいかにきたならしい鼻たれ小僧であっても、いやしくも海神の一族であって、神であれば、神を祀るしかるべき作法や言葉があったのである。なお、桃や瓜に入って水界から流れてくるちいさこは、世界的にどこでも見られるが、朝鮮で、卵が産まれたので、不吉だとして舟に載せて流したという話は、やはり卵が水を渡ってやってきたので、神霊の訪れだった[52]。朝鮮ではほかの例では卵が天から降ってきて、始祖が生まれるが、河伯の娘柳花が卵を産む場合は、間接的ながら水界から卵がやってくるのである。これは原初の海に卵が浮かんでいて、そこから天と地が生まれるという世界創造の神話の変容であって、桃太郎も本来は世界の造物主なり、国の始祖なりになるはずなのである。インドネシアの「双子のカボチャ」という話では、双子の王子を産んだ王妃が、ほかの王妃のたくらみで、子供をカボチャとすり替えられ、ほんものの王子たちは瓢箪に入れて川に流された。子供たちは川べりで

桃を拾い上げる老婆
（英訳版『日本昔噺　桃太郎』〔明治 18 年〕挿絵）

拾われて大事に育てられ、最後は王子であることがわかって、王の後継になるが、これは瓢簞に入れて流されたのではなく、カボチャに入れて流された話であろうと思われる。ただ、いずれにしても異常出生をする英雄児はなんらかの入れ物に入れて川に流され、のちに拾われて真の英雄になるのであり、カボチャでも瓢簞でもどちらでもいいのである。[53] モーセは揺りかごに入れて流された。揺りかご、かご、箱、瓢簞、桃、瓜、卵など、水に流されてきて、その中から子供が生まれるなら、それは天の申し子である。あるいは海神小童である。桃太郎はそのなかでもっとも絵になるヴァージョンである。[54] 天の申し子としては竜の息子ともいわれる金太郎も自然界で育った自然児としての英雄として取り上げておこう。金太郎については諸説があるが、近松の「子持ち山姥」によれば山姥が足柄山の頂上で昼寝をしている間に黒雲が通りかかり、雲に乗っていた竜が山姥の寝乱れた姿を見て欲情し、彼女を犯して去っていった。金太郎はその交わりの結果生まれた怪力童子である。

母の山姥は、夫を戦場で亡くしたために、子供は戦争を

山姥と金太郎（喜多川歌麿画）

知らない子として山のなかで育てようとした。西洋のペルスヴァル伝承と同じ自然児の誕生である。[55] 金太郎は山の動物たちと遊びながら大きくなった。あるとき源の頼光が足柄山のふもとに通りかかると山の上に不思議な光暈が漂っているのに気づいて、金太郎をみつけ、彼の四天王に加えて京へ連れていった。これも海竜王の子供なら海神小童のひとりである。また山の中で育った自然児としては、「熊野の本地、五衰殿の女御」の子供もいる。女御は五百人の

女御たちからただひとり妊娠したのを妬まれ、山中で首を切られた。子供は首のない母体から独りで生まれて、死んだ母の乳房にすがって育つ。山の獣たちが集まってきて、彼を守っているのをとある僧が見て、子供を発見して寺へ連れてゆく。

何物かの中に入ってやってくるおさな神としてはアドニスもそのひとりである。夭折する犠牲神としてはオシリス、アッチスと並ぶ存在だが、桑の木の中から生まれた伊尹のように、彼は没薬の木、ミュラから生まれた。そもそもはミュラという名の娘が父親によってアドニスを孕んだのを恥じて、木になるよう神々に祈ったのである。これは桃から生まれた桃太郎と同じタイプの異常出生である。ミュラの木の皮が固くて、なかなか生まれずにいたところへ猪がぶつかって木の幹を裂いて子供を生ませた。彼には猪の呪いがつきまとったようで、死んだのも猪に突き刺されて死んだのである。

セバスティアーノ・デル・ピオンボ《アドニスの誕生》
（1510 年頃、アメデオ・リア市立美術館）

# III 神話と風土的思考

フレデリック・レイトン《ペルセポネの帰還》
1891 年、リーズ美術館

冥界の王ハデスに奪われたペルセポネは、母のデーメーテールの懇願によって、年の 3 分の 2 は地上で過ごすことになった。残りの期間は冥界で、ハデスの妃として過ごすのである。この絵はその最初の地上への帰還の場面を描いている。洞穴の上に立っているのが母神で、下方の冥界の闇から飛び出そうとしているのがペルセポネである。冥界からの帰還は坂道を歩いて行くように描かれることもあるが、ここでは地上の光明へ向かって飛翔しているように見える。冥界へ戻るときには、ハデスが迎えに来るのだろう。日本の冥界、とくに黄泉の国については、地下なのか地上なのかという議論があり、ギリシアの冥界についてもパティニールの絵（148 頁）のようにアケロン川を渡った先は地上と同じ高さのように見えるが、この絵では、明らかに冥界は洞穴から下っていった地下の国である。

神話が風土に根づいているといっても、それでは、その神話は何を言おうとしているのだろうか。和辻哲郎は砂漠的風土は一神教を生み出し、森林の風土が多神教を生んだという。森のなかには木々に精霊が棲み、その間には牧神が駆け巡る。泉にはニンフがいて、神々はそのニンフや、人間の女たちとたわむれる。神霊は多数である。しかし、神話というからには、人はどこからきてどこへ行くのかといったことについて、日月や天界の始まりとともになんらかの「考察」をしているはずである。とりあえず簡単なことでいえば、「常世」とはどんなところで、どこにあるのかといった疑問に答える神話があるだろうか。そしてそれがあったとすれば、それは砂漠的思考とか、森林的思考をあらわしたものだろうか[01]。砂漠のなかに突如オアシスが出現する。うっそうたる森林のなかに花咲き乱れる林間空地があらわれ、ブラジルではそれを「楽園」という。

## 一、常世の国

ギリシアではエリュシオンの野があり、ハデスの王国があり、さらにその下にタルタロスがある。ここで問題なのはそのハデスの王国で、亡者はアケロン川を渡って[02]、ケルベロスが番をする入り口からハデスの王国へ行く。

そこでケルベロスという犬を普通「地獄の犬」といっているが、いわゆる地獄というのはタルタロスのはずで、ハデスの王国はまだそこまでいかないはずだ[03]。ケルベロスは地獄の犬というより、冥府の犬といった方がいいかもしれない。つまりハデスの王国は地獄でも天国でもない冥府なのだ。そこでは、悪しき亡者の処罰といったことは考えられていない。正しいものも正しくないものも死ねばまずハデスのもとへ行く。これはエジプトで、オシリスが治めている国に相当するところだろう。亡者はそこでオシリスの裁きを受ける。魂の重さを計る秤《はかり》があって、トキ神トートがその目盛りを見ている。秤の一方の皿には羽が一枚載っていて、もう一方には亡者の魂が載せられる。もし生前の悪行が羽一枚より重ければ、その魂は秤から落ちて、下で待ち構えるワニ犬ソベックに食べられてしまう。そこを無事通過すると死者はアム・ドゥアットという地底の世界を経巡って、光明への出口を目指す。その先は転生が待っている。

　ギリシアでもそれに相当する冥府の裁きがあって[04]、善者

オシリスの前での死者の裁き
(『死者の書:フネフェルのパピルス』前 1275 年頃、大英博物館)

死者の魂を舟に乗せ、川を渡して冥府に運ぶカロン
(ヨアヒム・パティニール画、1520-24 年、プラド美術館)

はエリュシオンへ、悪者はタルタロスへ落ちるのであろう。タルタロスには我が子を殺して料理してゼウスに供したタンタロスや、大石をいつまでも山の頂きに押し上げては、転がり落ちるので、それをまた山の頂きに押し上げているシーシュポスなどがいる。[05] タンタロスの場合は飢餓と渇きに苦しめられていて、目の前においしそうな果物が下がっているのだが、それを取ろうとすると枝が上がって取れないという苦しみを味わわされている。しかし、そこはどうやら、本質的な悪人を徹底的に罰する場所ではないようで、この下にさらに本当の地獄があってもよさそうである。[06] でなければ、ギリシアでは死者の裁きはあっても、それは厳密なものではなく、亡魂の行く先を決めるものではなかったのかもしれない。そのあたりは死者の裁きというものが知られていない日本でも同じかもしれない。[07] ハデスの王国に相当するのは黄泉の国であろう。ペルセポネがそこへ行ってザクロを口にしたために、地上に戻れなくなったという話があるが、日本でもイザナミは「よもつへぐい」をしたために地上には戻れなかった。この黄泉の国はそこまで行くのは、さして困難ではなく行けたようで、イザナギはイザナミを求めて、黄泉の国へ行っている。そこでは、死者にはうじがたかって身体は腐りただれているが、魂にしろ、その魂の善悪にしろ、そういったことは問題にはなっていないようである。[08]

そして、イザナミはその後、根之堅州国に行ったようで、スサノヲが妣の国へ行きたいといって根之堅州国へ行っているのだから、母の国、すなわちイザナミのいるところは根之堅州国に違いない。[09] イザナギが黄泉の国へ行ったときにはイザナミはそこにいた。しかし、その身体は腐りただれていた。死後の腐敗が進行していたので、黄泉の国というのは、死者が腐りただれるところなのである。その期間は死者の肉体が滅びる期間で、言い換えれば、死者が浄化される期間であろう。殯《もがり》の期間といってもいい。それを過ぎると死者は根之堅州国に行くのではないだろうか。[10] イザナギが行ってみたときはまだ死体の浄化が済んでいなかった。あと数十日もすれば、浄化が済んでいたかもしれないが、そのときはもう黄泉の国にはいなかっただろう。しかし、それではスサノヲは根之堅州国でイザナミに出会ったかというと、どこにもそのような記述はない。少なくとものちにオホナムチが根之堅州国へ行ったときにはそこにはスサノヲとその娘のスセリ姫がいただけで、ほかの者がいた形跡はない。[11]だとするとこの根之堅州国もやはり通過の場所だったかもしれない。というのは、記紀でも常世という世界があることが言及されていて、祖霊が棲むところと想像されるのである。常世が永遠の楽園であるとすると、根之堅州国はその前に通り過ぎるところと思われる。といって肉体を捨て去るところではない。それは黄泉の国である。根之堅州国は死者の通過儀礼、あるいは試練の場所なのではないだろうか。[12]オホナムチにとってはたしかにそこは試練の場だった。まずは、蛇の室、蜂の室などに入れられて、そこを無事に通過しなければならなかった。その次は野焼きの場で、スサノヲが放った鏑矢を探しに行くと、野原に火をつけられ、ネズミの穴に避難して火の試練を通過する。まさにこれが死の国の試練なので、似た話は世界的に「天人女房」や「悪魔の娘」で語られており、後者では、「危険なベッド」などの試練のあと、[13]蛇の室や蜂の室もあり、それを通過したものだけが、森を切り拓いて種を蒔いて、小麦を収穫してパンをつくるといった農耕試練をうけてから、悪魔の娘とともに逃げ出すのである。[14]その際、悪魔の頭髪を垂木にゆわえつけておくといったスサノヲの話と共通する要素もよくみられ、逃げ出すときは物を投げて障害物をつくりだす「呪的逃走」のモチーフが挿入される。古事記では、イザナギの場合に使われたモチーフで、いずれにしてもこのあたり、悪魔なり、冥府の王なりが支配している死の国へ行って試練を受ける話である。オホナムチの場合はその試練を無事通過してスサノヲから、今後おまえは大国主と名乗るがいいと試練通過の認可をもらうのである。オホナムチはそこで、スセリ姫を連れて地上へ戻ってくるのだが、普通の亡者は、根之堅州国の試練を経たあとは常世へ行くのではないかと思われる。[15]

普通の亡者といったが、オホナムチは明らかに普通の亡者ではなかった。彼はすでに焼石を抱き留めてやけどを

やけどを負って死んだオホナムチを生き返らせる女神たち
（青木繁画、1905 年、ブリヂストン美術館）

負って死んでいるのである。彼はそこで一度死の国へ行っているのだ。最初に行く死の国は黄泉の国である。そこから、キサカヒヒメ、ウムカヒヒメによって生き返らされてきた。[16] 普通なら、黄泉の国からそのまま根之堅州国へ行くのである。それをいったん生き返ってから根之堅州国へ行っている。そしてそこからまた生き返って地上へ戻っている。

根之堅州国が人が想像するように暗い地下世界であったとするなら、常世は、常夏の国でもあって、花咲き乱れる南の島のようである。この、黄泉の国、根之堅州国、常世と続く三層構造が日本の冥府であるとすると、最終的にはそこには明るい光が差した蓬莱のような楽園が待っているかのようにみえる。

死者が黄泉の国で浄化され、根之堅州国で試練を受け、常世へ行って至福の日々を送るとすると、オホナムチも根之堅州国のあとは常世へ行く資格があるはずである。ただ、彼には国造りという仕事が残されていて、それを少名毘古那とともに成し遂げなければならなかった。[17] そのあとに国ゆずりの場がきて、彼の前に天空からアメノトリフネに乗ったタケミカヅチがやってくる[18]、国ゆずりを迫ると、子供たちであるコトシロヌシとタケミナカタの意見を徴したあとで、それではこの現世はニニギノミコトに奉ろう。自分は出雲に宮をつくってもらって、幽世を治めようというのである。[19] 幽世とは何かといえば、地上の物質世界に対して精神世界といってもいいが、肉体を去ったあとの、まさに常世ではないかと思われる。[20] この場合、常世波が押し寄せる伊勢や、少名毘古那が常世へ去ったときの出発点である熊野の岬とは、出雲は方角が違うようにも見えるが、出雲は黄泉の国の入り口でもあり、[21]そこから、熊野の根之堅州国へ出て、さらに熊野の先端から常世へ行けるのだとすれば、出雲がそのすべての行程の第一段階であっても不思議はない。臨死体験などにみるように、死者は暗いトンネルを抜けて、光溢れるあの世へ出るのである。

出雲から熊野まで地下をくぐったあとで、常世が見えてくる。その方向を大国主が幽世と名付けて、そこを治めようというのだとすれば、根之堅州国の試練のあとで人は常世へ行くのではないかという推論を確認する構図が浮かび上がる。大国主の幽世は常世の方向をさし示す。そしてそこにこそスサノヲやオホナムチが共通の母としてあこがれるイザナミがいるかもしれない。

大母神は大地母神ともいうが、その場合は常世、あるいは死者の国の母神とは性格が一致しない。ギリシアでは大地はガイアだが、彼女と冥界のタルタロスは兄弟ではあるものの別である。そしてのちにはそのタルタロスと交わって蛇女エキドナを産むが、それだけの関係でこの両者は夫婦でもない。一般に大地母神は死と再生の女神である。地

混沌の世界に架かる橋の先には光が見える
（ジョン・マーティン画『失楽園』〔1827年〕挿絵）

中に埋まった種を春に発芽させる植物霊の性格をもっている。万物の母としてのイザナミにはそのような植物霊的再生の女神の性格があってもよさそうだが、記紀のしるすところでは、そのようなことはない[22]。これはガイアの場合も言いうることで、ガイアは植物霊ではない。北欧の冥界の女神ヘルも植物霊の性格はもっていない。さらにヘルの場合はガイアやイザナミと同じく、悪者たちの行く地獄の神という性格もみられない。死者は戦場で倒れた英雄たちは別にして、それ以外の者たちは善悪の別なく、ヘルへ行くのである。したがって、絶対の善者であったバルドルもヘルに行ったのである。一方、戦場で倒れた英雄たちはヴァルハラに迎えられたが、その館の主はオーディンで、女神ではなかった。死後の世界に善悪の別がないというのはケルト神話でも同様である。そしてここでもまた大女神アヌは植物霊ではない。植物霊的な死と再生の冥界の母神という存在はエジプトにもギリシアにも北欧にもケルトにも、そして日本にもないとするとそれ以外のところに探さなければならない[23]。

北欧神話の冥界の女神ヘル
（ヨハネス・ゲーツ画、1889 年）

それはあえていえば初期農耕社会のハイヌウェレ型「殺された女神」である。女神を殺して埋めたらそこから芋や穀類が生えてきたというのである。そこには死と再生を司る女神の姿が浮かび上がる。それはアメリカ・インディアンのトウモロコシの女神であり、ポリネシアのヒナである。マヤ・アステカの豊穣の女神たちである。もちろん日本にも殺された女神はいる。オオゲツヒメがそれだが、その名前からすれば月の女神とも思われ、大地母神や植物霊の性格は明確ではない。日本神話にも「殺された女神」の思想

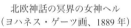

は入っていたものの、大母神の性格は与えられなかったのである。「殺された女神」は環太平洋文化圏のなかでもヤシとタロイモを主とした食料とする文化風土の神話とみていいようである。日本はヤシが育たず、芋は栽培したが、樹木性の芋であるキャッサバは存在しない水稲文化圏である。そこでは冥界の母神が大地を支配する代わりに遠い常世に去って、エジプトの女神が「遠い女神」であるように、遠方の女神になって姿をあいまいにするのである。日本でも水稲以前の縄文文化では死と再生の女神がいたと思われるが、それは月の女神でもあり、太陽神の登場とともに後景に押しやられたものである。そして太陽神には大地の性格も死の女神の性格も見られない。もちろん太陽神は冥界の王ではない[24]。

イザナミが黄泉の国のあと、根之堅州国に行ったらしいというだけで、神々の原郷とも思われる常世へ行ったのかどうか不明なまま、いわば行方不明になっているというのは、神話の世界では異例なことである。ミルチア・エリアーデがいうように、天の実権を次の世代の若い神に譲ったあと、いわば引退して「暇な神」になる例は、ウラノスをはじめ数多いがイザナミにはその形跡もない。誰にも知られずに姿をくらましたのである。論理的には根之堅州国のあとで、常世へ行ったであろうと思われるが、そもそもこの常世にどんな神々がいるのかもわからないのである。イザナミは高天原にはいない。黄泉の国にもいつまでもいるはずがない。根之堅州国には、スサノヲがそこへ行ったらイザナミに会えると信じていたように、いた可能性があるが、そこで、スサノヲと会った形跡はなく、そこまでで、足どりは消えてしまう。ほかに行くところは常世だけなのだが、そこにいるという便りはない。殺された女神ではなく、遠い女神、消えた女神なのである。いったんはイザナギとともに神生み、国生みをした大女神が、消え去ってしまう。やけどをして死んだという情報はあるのだが、神々は原則として不死で、「死んだ」あとでも死者の国を治めていたりするものである[25]。日本でイザナミが不要とされたのは、いうまでもなく、大女神としてアマテラスが登場したからであろう。天の主権者としてはクロノス、そしてゼウスが、ウラノスのあとを継いだようにアマテラスが登場したのであるから、イザナミのいるところはなくなった。そこで黄泉の国へ行き、おそらくは根之堅州国にまでは行ったのである。そこにスサノヲがやってきたのでイザナミはここでも暇な神になった。しかし、アマテラスは母神ではない。死の女神でもない。再生の女神でもない。大いなる母神であったイザナミには、次々に死者をむさぼり喰いなが

矛で混沌をかき混ぜて島々を生み出すイザナギとイザナミ（小林永濯画、1880年代、ボストン美術館）

岩戸から姿を現すアマテラス（三代歌川豊国画）

ら、また次々に新しい生命を生み出してゆく冥界の女神の地位は残されていた。それはまさしく植物の根源の地である根之堅州国での仕事で、万物の再生を司る仕事もあったはずである。根之堅州国はスサノヲが治めているといっても、彼には子を産み出す力はなかった。イザナミは植物霊として、冥界の母神として、天のアマテラスに対応する地下の大神として、存在理由がありながら、姿を消したのである。死の女神としては、イザナギとの「ことどわたし」の場で、一日千人の民草をくびり殺すと宣言して、おそらくそれは日々実現しているに違いない。しかしどこでそれをおこなっているのか、黄泉の国でというのも一つの答えだが、そこにはすでに名前の知られない黄泉の大神がいるのである。イザナギがイザナミに地上へ帰ろうと言ったときに、帰れるかどうか、大神にきいてくると言っていた以上、そこには死の大神がいるのである。イザナミがその地位を襲う理由はない。大いなる女神、大いなる母神が、あるときふっと姿を消した。これが日本神話の謎のひとつである。常世論がその謎に挑む。

熊野夫須美大神《くまのふすみのおおかみ》坐像（9世紀、和歌山・熊野速玉大社）

那智神社と那智の滝

あるいは魔女論でもいい。大いなる女魔法使い、バーバ・ヤガーのような妖婆が、魔法の笛を吹いてはいないだろうか。アマテラスもコノハナサクヤヒメもあまりにまともすぎる。もっと怪しげな女シャーマンがいたのではないだろうか。熊野三山のうち、那智のフスミノオオカミなどは那智の滝とそれを取り巻く森林の風景のなかに溶け込んだ聖とも魔ともいいがたい雰囲気を漂わせる。[26]

アンリ・ルソーの描いた蛇使いの森はどこにもない風景

だが、あえていえば熱帯アフリカの風景を思わせ、日本には見られない風景だが、深い森のなかの滝は似たような怪しげな雰囲気を漂わす。

消えた女神としてはほかにツクヨミもいる。月の神ツクヨミは男神とも思われるが、はっきりしたことはわからない。太陽神崇拝が生まれる前は、月女神が世界を支配していたというのが、世界神話の例なのである。大林太良も『死と性と月と豊穣』で、それについて論じている。マリヤ・ギンブタスも古代ヨーロッパについて、月女神について論じている。ヘンツェの月神論はいうまでもない。しかしここではツクヨミの性別はさして問題にはならない。問題は月の神が記紀から消えてしまったことである。世界神話の常識では月神が死と豊穣を司る。ただし太陽神崇拝が確立すると月は消えてゆく。[27] 日本神話でもツクヨミは消されてしまう。それもあからさまにアマテラスに、お前の顔など見たくもないといって遠ざけられるのである。なぜか？ ウケモチの神を殺害したからだろうか。それまでペアで死

アンリ・ルソー《蛇使いの女》1907年、オルセー美術館

と豊穣とを司ってきた豊穣の神を殺したために、「月―死―豊穣」の神々がその存在理由を消したのではないだろうか。

しかしイザナミの場合は違う。彼女は母神だったのである。万物を生み出し、またそれを取り込む死と再生の女神だった。それが消えて、豊穣神としての太陽だけになった。本来の母神が消されて、処女神が登場したのだ。母神は常世へ行く。

イザナミは火の神カグツチを生んだ。そしてそのあと、火砕流とも思われる神々が生まれた。火山の神ともされるのである。ハワイのペラにも似た女神である。焼き畑をしていた風土では、火山の爆発は地底の諸元素を噴出して土地を豊穣にしてくれる恵みの火だった。ポリネシアでは水平線のかなたに噴煙が見えるとそこには更新された地味の豊かになった土地があるはずとみなして、そこへ向けてカヌーを漕いだのである。焼き畑では地味の更新が重要で、四、五年畑をつくると地味が枯れて、新たな土地を焼き払わなければならなかった。あるいは火山の噴火を待たなければならなかったのである。しかし、水田耕作においては輪作障害はなく、地味の枯渇もなかった。定期的に水が入ってくればよかったのである。日本では火山、おそらく鬼界カルデラの大爆発によって縄文文化は滅んだと考えられている。そして水稲を中心とした弥生文化に移行した。火山は用がなくなったのである。人々は八ヶ岳山麓などを捨てて、火山から遠い大和盆地に住むようになった。火山の神が遠ざけられたのである。[28] エジプトのセクメトも「遠い女神」と呼ばれたのには、それなりの理由があった。神々の怒りを代行してライオンとなって人々を貪り喰っていたが、その虐殺はある程度までで、人々に神々への怖れを掻き立てたところで、止める必要があった。そのためにヌビア砂漠に派遣された女神は「遠い女神」だったが、大虐殺が限度を超えたところで、「遠ざけられた女神」になるのである。

イザナミも火山の神としては、役割を果たしたとき、あるいは果たしすぎたとき、遠ざけられたとも考えられなくはない。

もうひとつの問題は死者の行方である。あるいは死者の裁きで、善人と悪人で行く先が違うかどうか、その裁きをする神がいるのかどうかである。死者にかかわりがありそうな神はイザナミとスサノヲ、それに大国主だが、まずイザナミは行方不明であり、スサノヲは死者に試練を課してはいても、裁きはしていない。残るのは大国主で、彼が幽世の王となったというなら、その機能として、死者の裁きがあっても不思議はない。エジプトにはオシリスがいて死者を裁いている。ギリシアでもミノスとラダマンチュスが冥府の裁き手である。中国では泰山府君や閻魔大王以下の十王がいる。死後の世界について考える神話が死者の裁きについて語らないでいいのだろうか。まさに多神教的、森林的思考においてはすべてが相対化され、絶対の悪などがないのだろうか。しかし、高天原から根之堅州国まで垂直軸のヒエラルキーはあるのだし、幽世と、その主権者という観念もあるのである。死者のゆくえについて、根之堅州国で試練を課されるというだけでなく、どこかで、人間の生前の行いを裁くプロセスがいるのではないだろうか。それがあってはじめて地獄の風景が完成する。[29] 大国主がその世界を治めている。

## 二、神々の怒り

　火山の爆発は神々の怒りをあらわしている。人間たちが神々の心に沿わぬ行いに耽っているために、神々が怒って山々から火を噴いたのだ。あるいは火山自体が神だった。古代人はそう考えた。ある時期までは火山灰が畑作に有益であるとみなされていたこともあったが、水稲栽培では火山灰は無用なばかりか、有害であった。

　地震も津波も神々の怒りのあらわれだった。神々はなぜそれほどまでに怒り狂うのか。人間たちのすることがどうしてそれほど気に入らないのか、大洪水がくれば、人類も動物もすべて滅んでしまう。そうやって一掃された大地に新たな創造の技がふるわれる。これは要するに世界の造り直しで、最初に造り損なっていたから、造り直すのだ。神々の創造の試行錯誤なのである。一神教でも、神が過つことはありえないようでありながら、神は大洪水を送って、人間を滅ぼして、再創造した。最初は失敗したのである。

　大地が絶え間なく揺れ、火を噴き、水が溢れるときは、人はひたすら神にすがって、その怒りを鎮め給えと祈った。しかし国土の造成が進み、海岸には堤防が築かれ、火山の噴火の影響の及ばないところに都を定め、それ以前の草葺き屋根の掘っ立て小屋のかわりに、少なくとも当時としてはしっかりした楼閣が築かれると、人々の生活も安定して、それほど毎日のように地震や噴火を怖れなくともよくなった。[30] 怒り狂う神を慰撫する祭儀も間遠になった。しかし、それでも天変地異は起こった。雷が大廈《たいか》高楼《こうろう》に落ちる。暴風が屋根を吹き飛ばす。日本神話ではあまり顕著ではないが、ギリシア神話では神々はちょっと祭儀を怠っただけで怒り狂って、暴れ猪を放ったり、海竜を送り出したりした。神々の怒りをなだめる儀式がときに人間の犠牲をともなって日々おこなわれた。[31]

　その神々の怒りには不当とさえ思われるものもあった。

たとえば、マルシアスはアテナが捨てた笛を拾って吹いたところ妙なる楽の音が出るので喜んで、アポロンより巧みな楽師だと自賛した。それを聞いてアポロンが怒ってマルシアスを生きながら皮剥にして松の木に吊るした。[32] 全身の皮を剥いだのである。度を超した残虐さと思われる。神の慈愛というものがあれば、相手に向かって、そんな大それた傲慢な態度は取らないようにと教え諭すだけで十分だった。

神々の不条理な怒りはニオベに下された罰でも見てとれる。ニオベには十四人の子供がいた。それを自慢して、レ

マルシアスの皮を剥ぐアポロン
（メルキオール・マイヤー画、1581 年）

ニオベの子供たちを攻撃するアポロンとアルテミス
（ジャック＝ルイ・ダヴィッド画、1772 年、ダラス美術館）

トにはアポロンとアルテミスの双子しかいないと嘲った。それを聞いたレトの怒りはすさまじかった。アポロンとアルテミスに命じてニオベの十四人の子供を全員射殺したのである。ダヴィッドの絵では十四人の男女が累々たる死骸になって転がっているところにアポロンが傲然と弓を引き絞っている様子が描かれる。

ニオベも石に変えられた。子供の数を自慢したくらいで、その子供全員を殺すなどというのは、まさに怒りに任せて狂ってした「犯罪」である。人間の傲慢を罰するなら罰するで、それなりの罪に相応する処罰があるだろう。レトの怒りは、そのような正当な報復を超えた過度の暴力であり、殺人である。現実の世界では十四人の子供たちをいちどきに惨殺したといえば大量虐殺という言葉がふさわしく、その下手人は死刑になっても不思議ではない[33]。

日本の場合には神が正当な理由なくして民草を縊り殺したという例はない[34]。せいぜいが、高天原の使いで下界へ下りたアメワカヒコを罰したくらいである。アメワカヒコは大国主の娘シタテルヒメと一緒になって、高天原へ帰らなかったのである。高天原では、早く帰ってこいと、雉神を送って、帰還命令を伝えた。それに対して、アメワカヒコは鳥の声がうるさいといって、弓で鳥を射殺してしまった。その矢が雉を突き抜けて、高天原まで届いてしまったのである[35]。それを見て、神々は、アメワカヒコに邪心があるならこの矢に当たれと言って、その矢を投げ返したのだが、まさにアメワカヒコに当たって死んでしまったのだが、これは雉を殺した罪と、高天原からの使者の役目を怠った罪とのせいで、無辜《むこ》の人間が殺されたわけではない[36]。それに神によって誰かが殺されたのはこれだけで、ほかには神による殺人は記録されていない[37]。ただ、高天原の神々が不条理な要求をする例はないとはいえず、大国主に国ゆずりを迫ったことなどはそれにあたるだろう。大国主がそれまで営々と国づくりに励んでいた瑞穂の国を新しくやってきたニニギノミコトに献上しろというのはいかなる正当な理由もない無理無体な要求である[38]。

そもそも「国づくり」というのがどういうことをあらわすのかよくわからないが、自然風土についていえば、河川や海岸に堤防を築いたり、森林を伐採して畑にしたり、灌漑用水や溜め池をつくったりすることにおける大きなプランニングがあるだろうか[39]。いずれにしても、国土経営をおこなっていたところにやってきて、その土地をよこせというのは横暴である。これがスサノヲだったらすんなりと国ゆずりを承知するかわりに少なくともひと暴れしたところだろう。大国主だから、素直にいうことをきいたのだが、彼には彼の計算があったので、出雲に立派な宮を建ててくれれば、現世をゆずるかわりに幽世をもらおうと言って、エジプトのオシリスのように、冥界の王になったのである。

出雲大社の本殿

　ところでスサノヲならといったが、彼は根之堅州国に行くときに高天原に登って、大暴れしてみせたのである。とくに高天原の支配権を要求したということではなく、たんに駄々っ子のように暴れただけなのだが、それに対する罰としては髭と爪を抜いて、千位の置き戸を課された[40]。つまり損害賠償を求められたので、乱暴狼藉に対する罰としては釣り合いの取れた処分であると思われる。そのあと根之堅州国へ放逐されたというのは、もともとそのつもりだったことで、スサノヲにとっては願ってもないことで、不平を言ういわれはない。このときにしかし、根之堅州国の支配権が正式にスサノヲに与えられて、イザナミの権利は抹消されたのだともみなされる。では、イザナミはどこへ行ったのか。冥界の母神イザナミの鎮座するところこそ「常世」でなくてどこであろうか。死者は黄泉の国から根の国を経て、常世へ赴くのである。ただし、そのステップには試練が用意されている。無事に試練を通過すれば、常世まで行く。死者の赴く世界に少なくとも二種類あることは、谷川健一も言っている。「はじめに死者の霊魂のとどまるところが『青の島』だった」。「それが更に遠方に投射されることになった」。それが常世である。

## 三、罪と罰

神の非行に対する神々の下す罰では、北欧のトリックスター、ロキに対する処罰がある。善の権化のような神バルドルを神々がからかって、石を投げつけたりして遊んでいた。バルドルに対しては何者も害をすることができないはずなので、神々がそれをいいことにバルドルをからかっていたのである。しかしヤドリギだけは例外だった。ロキはそのヤドリギを取ってきて、それで矢をつくり、盲目の神ホズに渡して、バルドルに向かって弓を引かせた。矢はバルドルにあたって、彼を死なせてしまった。

その罰として神々はロキを捕らえて、地獄の岩に縛りつけ、その頭の上に毒蛇を置いて、その蛇の毒がロキの身体にかかるようにした。これもバルドルの死に対する責任を

バルドルの死（クリストファー・ヴィルヘルム・エッカースベルグ画、1817 年、コペンハーゲン、シャルロッテンボー宮殿）

罰を受けるロキ（ルイス・ハード『アスガルドの英雄たち』〔1900 年〕挿絵）

問う処罰としてはどちらかというと寛大な処置で、ロキはこのあとラグナロクのときに戒めを脱して、神々に対して戦いを挑むのである。[41] スサノヲもロキも悪行をしたのだから、それなりに罰せられなければならないので、いずれもそれ相当の罰を受けたことになる。これは神々と人間の間のことではないが、神々の世界でも上下関係があって、大国主は国ゆずりを求められ、スサノヲは乱暴狼藉の罰として千位置戸の賠償を払い[42]、ロキは地獄でそれなりの苦しみを嘗める。ここでは多神教と一神教の違いなどもない[43]。罪があればそれに対応する罰がある。違うのはニオベの場合とマルシアスの場合で、ここでは神を侮ったことに対する報復として、過度に残虐な殺害がおこなわれている。それに対して、ゼウスが仲介して、それらの過酷すぎる罰を緩和したとか、あるいは、理由なき大量殺人の罪でレトを罰したということはない。ゼウスもウラノスと同じく「暇な神」に近いのである。[44] 彼の行いに対して、正妻のヘラが過剰な反応をする場合もゼウスは介入することもなく放置している。ゼウスが誘惑した女がヘラの嫉妬のために過度の苦しみをなめる例は枚挙にいとまがないが、たとえばアンティオペは、サチュロスに姿を変えたゼウスに森のなかで犯され、双子を孕んだが、そのために父親の怒りを買って、艱難辛苦を嘗めることになるが、ゼウスはいっさい手を出さず知らん顔をしていた。

彼女は父の怒りを怖れてとある王のところへ身を寄せて

ゼウスとアンティオペ
（アントワーヌ・ヴァトー画、1716 年、ルーヴル美術館）

いたが、父がそこへ軍勢を率いて攻めてきて、父が死んだあとは叔父がその遺志を引き継ぎ、彼女をとらえて奴隷にし、その妻がこの奴隷を酷使し、あげくの果ては牡牛の角に結わえ付けて殺そうとまでした。その苦難を神々に訴えても、彼女を虐待していた女主人がディオニュソスの信徒だったために、アンティオペの方がディオニュソス神に呪われて、狂気を送られ、狂って諸国を放浪したりした。彼女に対しては神々の正義は少しも起動しなかったのである。生まれた子供たちに対してもゼウスはいささかの愛情も示さず無視を続けた。これをもって唯一神の正義がすべてを決する砂漠の思考との違いであるとするのはいささか見当違いの感があるだろう。しかし森の多神教では、それぞれの神にそれぞれの論理があって、罪といっても相対的だった。神の方でもいくらでも過ちを繰り返すのだった。人間の方でも依拠すべき絶対的律法はなかった。それ以上に「いつの世も、人間世界に、悪はたえることはなかった」(小林道憲)。「人間が社会を営んでゆくうえで避けることのできない悪も、尽きることはなかった」。小林はそれに対して、「暴風雨や落雷、洪水や地震など、自然の災い」を神の罰というより、「悪」としてとらえている。これは一神教的観点だろう。多神教では嵐も雷も噴火もそれぞれの神の威力のあらわれだった。

アベルを殺害したカイン
(ミヒェル・コシー画、16世紀前半、プラド美術館)

たとえば聖書ではエサウとヤコブの兄弟の間で葛藤があって、ヤコブが策略をもってエサウになりかわって父親の祝福を受けて、長子権と財産の贈与を受けたが、神はそれに対して、いかなる正義の裁きもしなかった。カインとアベルが神に捧げ物をしたとき、神はアベルの供物を取って、カインのそれを顧みなかった。そこで、カインはアベルを殺した。しかしそのときも神はカインのひたいに印をつけて、誰にも害を受けることがないようにして、荒野に放逐しただけだった。その罰はアベルの命の代償としてはあまりに過少であったといえるだろう。しかしそれならなぜ、アベルの供物だけ収めて、カインの供物は退けたのだろう。

犯された罪とその結果としての罰が釣り合わない話ではプロクネの話もあるだろう。これは誰が有罪なのか、誰の目からみて罪があるのかも問題になる神話だ。たとえば一神教の神の目からみれば大きな過ちが犯された物語である。しかしギリシア神話の風土では、誰もそれほどの罪は犯していないようにも思われる。それにそもそもこの物語の主人公は誰なのだろう。最初はプロクネの妹のピロメラが登場する。美しいピロメラを見た義兄のテレウスは彼女を森の小屋に閉じ込めて犯してしまった。ここまではギリシア神話ではいくらでもある神々や英雄の色事である。少し違うのはここからで、テレウスは、泣きわめくピロメラに閉口して、口がきけないように舌を切り取ってしまったのである。なんとか復讐をしようというピロメラは機を織って、そこに彼女が受けた受難の物語を織り込んで、それを姉のプロクネに届けさせた。[47] プロクネはそれを見て何事が起こったかを知ると復讐の念に燃えて、テレウスとの間にできた子供を殺して、テレウスに食べさせた。[48] そして

ピロメラの舌を切るテレウス（左）とテレウスを欺くプロクネ（15 世紀の写本、ニューヨーク、モルガン・ライブラリー）

これはあなたの子供よと言って、ナイチンゲールになって逃げていった。ピロメラも燕になって一緒に逃げたという。この後半は母親による子殺しで、メディアにも見られる話だが、その罪の結果、罰として変身が行われたなら、なぜピロメラまで変身しなければならなかったかがわからない。

　ギリシア神話ではプロクネのしたことはよくあることで、子供を殺されたテレウスの方も、当然の報いを受けたことになる。変身は罰ではなく、月桂樹になったダプネの場合と同じく、危険を逃れる方法なのである。義妹を手籠めにした男にもさしたる罪はない。ただ、それを口外されることを怖れて舌を切ったのは、残酷な加害行為で、これについてはなんらかの罰が与えられても不思議はないが、彼も妻たちを追い掛けてヤツガシラに変身したというだけで、それ以上の罰を受けた形跡はない[49]。一神教的にいえば人倫にそむく大罪を男も女も犯している。唯一の被害者であるピロメラも姉の手助けをしているから同罪である。ところがギリシア神話ではこの事件では誰も罰せられないのである。森のなかに大勢の鳥がいて、ぴいちくぱーちくやっている。そこでは近親姦などという概念すらない。小鳥は親子でも兄弟でも自由に交わっているのである。子殺しだって日常的に行われているだろう。さまざまな動物がいて、さまざまな木々がある森林的世界では、殺すなかれ、姦淫するなかれといった一神教的倫理は機能しない。

放浪の末アテナイ近郊のコロノスの森にたどり着いたオイディプス（フェルシュラン＝ジャン・アリエ画、1798年、クリーヴランド美術館）

　それとは様子が違うのがオイディプスの場合である。こここでは知らずに犯した罪でありながら、母を犯した罪、父を殺した罪が問われるのである。誰によって？　オイディプス自身によってである。彼の過ちを見守っていたテバイの人々は彼を有罪であると告発しなかった。さらに彼は放浪の末アテナイにやってきてそこでテセウス王によって罪を清められるのである。

彼は旅の途中、ささいなことからいさかいとなって見知らぬ老人を殺した。それが実父であったが、実父であるとは知るよしもなかったのである。[50]またそのあと未亡人となっていたテバイの王妃と結婚したが、これも実母であるとは知らなかったのである。おそらくこれはどちらも当時の地上の裁きでは有罪とはならない出来事だった。そして神のレベルでもテセウスによって罪を清められれば、もはや潔白である。誰にもいかなる法律によっても有罪とはされないものの、自分自身の法廷では、いかなる許しも不可能な有罪者であった。多神教の世界でも最大の裁き手である自分を逃れることはできなかった。

もうひとつ検討してみる必要があるのはオレステスのケースである。この物語でもっとも罪深い存在はクリュタイムネストラである。夫の留守中、若いアイギストスを引き込んで情事にふけり、夫のアガメムノンが帰ってくるとこれを殺したのである。[51]しかし奇妙なことにアガメムノン

アイギストスとクリュタイムネストラを殺すオレステス（ベルナルディノ・メイ画、1654 年）

殺害についてはいかなる訴えも取り調べもなかった。クリュタイムネストラはアガメムノンの遺児、すなわちオレステスとエレクトラ以外にとっては少しも有罪ではなかったのである。そのかわりに父の仇を討ったオレステスが母殺しの罪で復讐の女神エリーニュエスたちに追われるのである。のちにオレステスがアテナイの法廷に呼び出されたときも彼の母殺しについて審理されはしても、母親の罪についてはひとことの言及もない。果たしてオレステスは殺さなくともいい母親を殺したことによって有罪なのか。それとも父の仇を討った英雄なのか。父殺しの下手人アイギストスを殺したのは、立派な仇討に違いない。そこまで、母殺しはしなくともよかったのかどうか。どんな理由があっても母殺しは母殺しで大罪なのか。実母であっても殺されるに値する女なら殺されなければならないのか。当時のギリシア、あるいはアテナイの心理的風土においては、母殺しは理由のいかんを問わず有罪であったようだ。それは当時のではなく、今の法律でも、たとえ父親の仇討であっても人殺しは有罪である。クリュタイムネストラの不倫は古代ギリシアではどちらかというと大目にみられている。アガメムノンを殺したのが実質的にアイギストスで、クリュタイムネストラはその手引きをしただけであるなら、悪いのはアイギストスであり、仇討といってもクリュタイムネストラを殺すのは間接的な仇討になるのかもしれない。[52]そこでしかしアポロンの教唆という問題が出てくる。オレステスの母殺しはアポロンの、むしろ「命令」によるとエウリピデスは解釈している。となれば、悪いのはアイギストスであり、そのアイギストスを殺したのは正当な仇討であり、母殺しは、神の命令を実行しただけということになる。エリーニュエスは結局はなだめられた。アポロン以外の神はオレステスの裁判には関係してこない。殺すべきか、殺さざるべきかという多神教的逡巡はアポロンによって一神教的に裁断されて、オレステスに対する唯一神の命令となったのである。

罪の相対性ということではメディアの神話が思い出される。メディアは黒海沿岸コルキスの王女だった。[53]そこへイアソンがやってきた。かつてプリクソスが乗ってきた黄金の毛の羊の毛皮を欲しいというのである。[54]毛皮は国の宝として竜に番をさせて厳重に守られていた。メディアはイアソンを見て恋に落ち、彼のために国法を破って金羊毛をイアソンに与え、ふたりで逃れた。[55]ところがギリシアに帰るとイアソンはメディアと別れ、その地の王女と結婚しようとした。メディアは婚礼の贈り物として、毒をしこんだ花嫁衣裳を贈った。王女はそれを着て火だるまになって死んだ。メディアは子供を殺してアテナイに逃れ、アイゲウス王と結ばれたが、アイゲウスの息子テセウスがあらわれるに及び、[56]追い払われて、コルキスへ戻った。この間、彼女のおこなった魔法がらみの悪行は多々あるが、コリントスの王位を狙って彼女をその地の王女にのりかえたイアソンほどの腹黒さはもっていなかった。ギリシアではメディアは希代の悪女としてその名をとどろかせたが、じつは恋する男のために、すべてを捨ててかえりみない純情な乙女ともみられる。彼女がイアソンのもとを逃れるときに、イアソンとの間にできた子供を殺したことを彼女の悪行の第一とする観点と、捨てられた女が、国外退去を迫られて、足手まといの幼子を連れて途方に暮れたあげく、憎い男の子供を犠牲にしようとしたのは、子殺しは子殺しでも、やむをえない殺害であったとする観点があり、殺害、それも子殺しを絶対の悪とするか、やむをえない場合はやむをえないとするか、見方が分かれるのである。これも一神教的見地と多神教的見解ということもできるだろう。コルキスという辺境に育ったメディアには絶対神の信仰も、絶対悪の観念もなかった。自分だけが絶対だったのである。彼女

わが子を殺すメディア（ウジェーヌ・ドラクロワ画、1838年、リール宮殿美術館）

を最初ヘラが支援し、祖父の太陽神ヘリオスも後押しをした。キルケも一時、彼女を助けた。彼女の奔放な行いに対しては神々の対応はさまざまだったようだ。彼女を罰するにせよ、支援するにせよ、絶対的な基準はなかったのである。もちろんゼウスも手を出さない。彼女とイアソンとの結婚についても、彼女が異国の女であったことと、結婚の経緯とをみて、イオルコスでもコリントスでもそれが合法的かどうか、種々議論があったようである。のちの時代の解釈ではメディアは「魔女」とされた。しかしアリアドネを捨てたテセウスのようにメディアを捨てたイアソンへの風当たりも当然きびしい。メディアが言う「もともと誰が悪いか神様がご存じ」(エウリピデス)。しかしその「神様」はメディアの苦難にも何の手助けもしなかった。わが国では「苦しい時の神頼み」という。せっぱつまらなければ神参りもしないが、苦しくなると神にすがる。しかしそれで、その神が何かをしてくれたということはない。多神教の神は善悪の掟をもたず、人を助けるにしろ、罰するにしろ絶対的な基準はないのである。ギリシアの場合はレトでもアポロンでも、ちょっとしたことで怒り狂って残虐な罰をくだすが、正義の裁きにはほど遠い。日本では「捨てる神あれば拾う神あり」ともいう。多神教でも風土によりさまざまである。

テセウスはメディアの物語でも登場するが、クレタ島へミノタウロス退治に出掛けたのはこのあとの話である。[57] クレタでは王女アリアドネが彼を助け、迷宮へ入るための糸球をくれる。この関係はイアソンとメディアのそれと並行している。アリアドネはテセウスと結婚できるとばかり思って一瞬もうたがわなかったのである。それに対してテセウスの方では、いかにして迷宮を抜け出すかしか念頭になく、糸球をもらったらアリアドネとの結婚を約束したも同然なのだとは思いもしなかった。そこで、クレタ島を離れるときはアリアドネを帯同したものの、最初の寄港地ナクソス島では、彼女が眠っているのをこれ幸いと、彼女を置き去りにして舟を出してしまった。一刻も早くアテナイに帰って、父王の亡きあとは王位につくことしか考えていなかった。したがって、アテナイにつく間際に、無事だったら白い帆を掲げるという約束も当然のように忘れてしまう。[58] 父親は取り替えるのを忘れた黒い帆を見て、テセウスが死んだものと思って、絶望して崖から身を投げて死んでしまう。王位はテセウスの手中に転がり込むのである。一方、ナクソス島に置き去りにされたアリアドネは悲嘆のあまり死んでしまったともいう。あるいは単に泣き寝入りしていたのかもしれない。そこへ神ディオニュソスがやってくる。

神はアリアドネを見て、即座に自分のものにしようと決めた。死んでいたという場合は、冥界まで行って連れ戻したともいう。悲嘆は一転して歓喜になる。以来、ディオニュソスはアリアドネを大事にし、ほかの神のように、不倫に耽るといったこともなかった。テセウスはこのあとアリアドネの姉妹のパイドラと結婚するが、この結婚も幸せにはならなかった。パイドラが首をくくって死んでしまうのである。アリアドネのときもパイドラのときも悪いのはテセウスであったと思われるが、ギリシアでは彼を糾弾する声はきかれない。テセウスといえば、ミノタウロス退治の英雄なのであり、アリアドネ姉妹の不幸の責任を問われることはなかったのである。

テセウスに置き去りにされたアリアドネ（カルロ・サラチェーニ画、17世紀初期、ナポリ、カポディモンテ美術館）

## 四、隠れた神・現す神

日本では月神が消された神だといったが、太陽神も隠れる神だった。[59] ただし、ここでいう太陽神とは物神としての太陽ではない。そのあたり、物（天体）そのものの神格化と、その観念の現れとを区別する必要があり、アポロンもヘリオスもスリアも、アステカの太陽神キニチ・アハウも、そしてアマテラスも太陽そのものでは決してない。これは灼熱の太陽が輝くエジプトでも同じで、太陽神ラーは、太陽を司る神で、その点、朝日であるケプリとは違って、太陽そのものではないのである。アマテラスやラーが太陽そのものであったら彼らに近づく者は焼き殺されてしまう。これはゼウスの場合雷神として現れたときの話であって、セメレはゼウスに本当の姿できて欲しいと願った。その結果、ゼウスは雷神として雷霆を轟かせながらセメレにのぞみ、彼女を焼き殺したのである。それでもそれは例外であり、ゼウスもふだんは雷そのものでは決してなく、ときおり戦いの場で雷を手に持って現れるだけなのだが、ときには雷神の本質を「現す」のである。神には色々な職分があり、太陽神であれば太陽として現れることもあり、また、名前だけの太陽として、特に周囲の者を焼き殺すこともなく現れることもある。神はその本体を隠すものであり、ときに怖ろしい神格を「現すもの」でもある。それでもたとえばアポロンのように太陽神の性格をもっていながら、一度もその性格を現したことがない神もいる。[60] 太陽というものそのものではないことはあたりまえながら、それでも「本当の」太陽神であれば、それらしい「現れ」をしてもいいところだ。その点、アマテラスは物そのものとしての太陽ではないにもかかわらず、岩戸に隠れたときは天地が暗くなり、そこから現れたときはまばゆい光線が世界にゆきわたる。[61] ふだんは観念としての太陽でしかなく、せいぜいが、天の機屋で太陽の衣を織っていて、毎朝、その衣を真の太陽に着せかける役をしているだけである。それが、岩戸から出るときだけは、まぶしい太陽そのものになる。[62] 岩戸隠れを日食の神話だという説が広まっているが、これはどうであるか疑問である。[63] 日食であっても、あるいはたんに太陽神がへそを曲げて岩戸に隠れたのでも、世界は暗くなる。[64] 太陽そのものではなく太陽の運行を司る神でしかないとしても、その神が職務を放擲して岩戸に隠れてしまえば、太陽は現れなくなる。そのときは太陽は岩戸そのものにアマテラスとして隠れているのではなく、ほかの国の神話にあるような「太陽の洞穴」に籠もっているのかもしれない。[65] それが一定時間後に現れるのはなぜかといえば、「現す神」ウズメノミコトがホトを開示したからだ。太陽を隠すにしろ、現出させるにしろ、その大いなる魔術は魔術的行為によって実現する。それをおこなったのが、ウズメノミコトなのである。[66] それも単に衣の裾をまくって性器を露わにしただけではない。ホトを押し広げて見せたのだと考えられる。闇を押し広げるにはそれくらいの所作が必要である。[67]

これと並行するのがギリシアの豊穣神デーメーテールの神話で、彼女はハデスによって娘のペルセポネを奪われて悲しみのあまり、豊穣神としての職務を放棄したのである。したがって世界の穀物は枯れてしまった。それを復活させたのが、バウボで、彼女が性器を押し広げてさまざまな表情をもたせてみせると、デーメーテールは思わず笑い出したのである。[68] バウボも「現す神」だった。エレウシス秘儀はこの間のいきさつを演出するものと思われる。

もうひとりはエジプトのハトホルで、彼女は太陽神ラーがつむじをまげて、会議をすっぽかしたときにラーの前へ出ていって裾をまくって性器を見せたのである。それで父親のラーは機嫌を直して、立ち上がった。ハトホルはそれ

テラコッタ製のバウボ像（前4世紀、トルコ・プリエネ出土）

陰部を露出して悪魔を退散させる（「ポープ - フィグ島の悪魔」『ラ・フォンテーヌ寓話』〔1896年〕挿絵）

以外の場ではおとなしくしているが、ウズメはそのあとも天の八衢で同じように性器を露出する。そのときは猿田彦の目の前で性器を「現した」のだ。その結果、猿田彦は本性を現してニニギノミコトを日向へ導く「導きの神」になった。[69]ウズメは自分の性器を現すことで、猿田彦の本性を現したのである。猿田彦はそれまでは、巨大な男根ともみられる鼻を照り輝かせて威容を誇っていたのだが、ウズメの性器の前にすっかりおとなしくなってしまう。そのあと彼はアザカの浜で貝に手をはさまれて海底に引き込まれるが、貝はウズメの性器と同じであって[70]、押し広げられていたときはおそるべき威力をもっているのである[71]。そのなかに手を差入れた猿田彦は貝がぴたりとしまってしまうとどうしようもなく海底へ引き込まれる。このとき、猿田彦神は一時「隠れる」のであり、ウズメがその閉じた性器を広げれば解放されるのである。なお、西洋では悪魔退散の儀礼で、性器を露出するしぐさがある。

その他の神も「神隠れ」する。死ぬことと思われているが、神は不死身で、死ぬことはない。単に身を隠すのである。アメノミナカヌシも天地をつくったあとは「身を隠した」。問題はそうやって身を隠した神々がどこへゆくのかで、なかにはタカミムスヒのように、あとになってアメワカヒコの場などに姿を現すことがあるから、どこかに隠れていたのである。それがどこでありうるかといえば、前から繰り返し言ってきたように、常世の国に違いない[72]。

常世の国はそうやって身を隠した神々の行くところなのである[73]。そういう神々の隠棲所のようなところを考えておかないと、たとえばエジプトのラーなどが行く先がなくて困るのである。彼は年をとって、太陽神の役をつとめるのが大儀になってきた。そこで神々を招集して後継者を決めてもらったのだが、その会議が紛糾して埒があかなかったときに、嫌気がさして会議をすっぽかそうとした。そのときはハトホルがやってきて彼を立たせたのだが、その会議の結果、ホルスがラーの後継者に決まると、ラーは「暇な神」になって、どこかに引退しなければならなくなった[74]。それがどこだかよくわからないので、ラーも困っているだろうが、ほかの神々も困っているに違いない。これは中国でも同じで黄帝以前の神々は次の世代の神々の前に「身を隠した」が、行く先がなくて困っているのである。ひとり西王母は不死の桃を食べているせいか、死なずにいつまでも崑崙山にいるが、不死の桃を分けてもらえなかった神は神である以上死ぬに死ねず、どこにも行くところがなくて困惑するのではなかろうか[75]。

## 五、英雄とトリックスター

英雄といえばギリシア屈指の英雄はいうまでもなくヘラクレスである。生まれたときからヘラが送ってよこした蛇をつかまえてしめ殺したりしている。生まれたばかりというのでは泥棒の神であるヘルメスが生まれたばかりで、アポロンの牛を盗んだりしてトリックスターの面目を示した。アプロディテーは生まれたばかりで、すでに妖艶な美女となっていた。

女神たちはだいたい成人した女として生まれている。それに対して、幼子として生まれて成長するまで苦労するのは男神の方である。ヘラクレスはゼウスがアムピトリオンに化けてアルクメネと交わってできた子供だが、同時に生まれたイピクレスはアムピトリオンの子として、平凡な生まれつきだった。そこで、子供たちのベッドに蛇がいるのを見たイピクレスは大恐慌をきたしたが、ヘラクレスは平然としてその蛇をつかまえて締め殺したのである。ヘラの迫害はそのあともやまない。

ヘラクレスの十二功業というのも直接・間接にヘラの仕組んだものである。[76]その難行はなんとかこなしたが最終的には狂気を送られて、妻メガラと子供たちを殺してしまう。ここにも子殺しが出てくる。これは狂気のせいということで、ヘラクレスの責任は問われないが、最後はケンタウロスのネッソスの呪いのこもった毒を染み込ませたチュニックを着せられて狂い死にする。この最後はメディアがコリントスの王女に送った花嫁衣裳と同種の毒によるものだったようだ。それを着ると燃え出すのである。最初と最後がすべてを語るとすれば、ヘラクレスの誕生は英雄にふさわしく、最後は妻子殺しの不徳義漢にふさわしい。果たしてヘラクレスは不世出の英雄なのか、それとも火刑台上で死ぬのにふさわしい悪漢なのか。彼を迫害し続けたヘラには正当な理由があったのか、彼の不運を前にして何もできなかったゼウスは父親の責任を回避していたのか。そもそもゼウスは至高神だったのではないか。そ

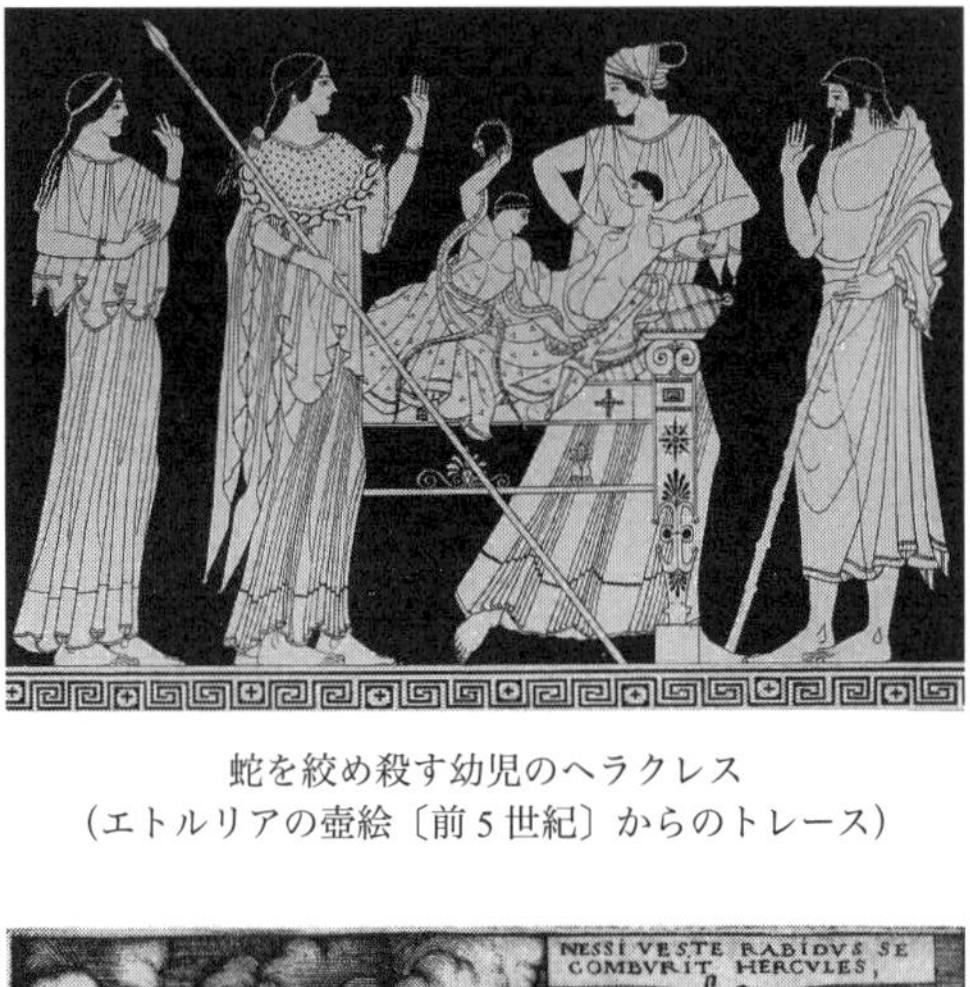

蛇を絞め殺す幼児のヘラクレス
（エトルリアの壺絵〔前5世紀〕からのトレース）

ヘラクレスの死（ゼバルト・ベハム画、1548年）

れなのに、亭主のアムピトリオンの留守中にその亭主に化けて女のところへ忍び込むような破廉恥な行為を平然とおこなってヘラクレスを産ませたり、そこで生まれた子どもを妻のヘラが迫害するのをとめられずに傍観していたりしていいのだろうか。ヘラクレスの妻子殺しにしても、そんな子供を産ませたゼウスが悪いのか、彼を狂わせたヘラがいけないのか、あるいはヘラクレス個人の責任なのかというと、にわかには断定できないことになる。多神教の論理では、ヘラクレスは神々の相矛盾する思惑に翻弄された悲劇の英雄なのである。一神教の論理ではすべてはヘラクレスの責任であり、狂気によって責任能力がなくなっていたのなら、誰の責任でもないだろうが、それでも誰かに責任があるとするなら、そのすべては大いなる神の意思によるものだろう。大いなる神といっても多神教世界のなかの相対的な至高神ではない。ゼウスでもその定めを逃れられない「大いなる」ものである。そんなものがどこにいるのかというと、どこにもいないと同時にゼウスも逃れられない定めがあるのである。たとえば、ゼウスに対抗したプロメテウスの戒めをヘラクレスはほどいているのである。ゼウスとしてはプロメテウスをそんなに簡単に解放するつもりはなかっただろう。人間に火を与えた罪でカフカス山の岩に縛り付けて鷲に肝臓をむさぼり喰わせたのだ。肝臓は毎日復活するので、プロメテウスの責め苦には終わりはなかった。これは北欧のロキが受けた苦しみと似た責め苦だった。彼も地獄ヘルの岩に縛り付けられて、毒蛇の毒を浴び続けていたのだ。ロキがヘルにいたのなら、プロメテウスもタルタロスにいてもよかったが、この世のはずれとはいっても地上のカフカス山だったことは罪一等を減じたということかもしれない。

そのゼウスに対抗したプロメテウスの事績も瞥見しておく必要があるだろう。彼について『ギリシア・ローマ神話事典』は「神々に対抗して、神々の敵意から人間を守った」といっているのである。一神教にも神の対抗者はいるのだが、その位置づけは難しい。それに対してプロメテウスはゼウスに対してのみならず、神々に対して敢然と対抗する

アテナの前で人間を創造するプロメテウス
（3 世紀の浮彫、ルーヴル美術館）

ジャン・クーザン《エヴァ・プリマ・パンドラ》
1550 年頃、ルーヴル美術館

のである。[77] ヘシオドスによれば、泥土から人間をつくったのは彼プロメテウスである。[78] これはエジプトのクネフが泥から人間をつくった話のヴァリアントともみられる。エジプトではその泥人形に命を吹きこんだのは蛙女神ヘケットだが、ギリシアではアテナが息を吹きこんでいる。その後、その人間たちが神々に捧げものをするときにどのようにするかを決めるとき、プロメテウスが仲介役を買って出て、肉を皮で包んだものと、骨を脂肪で包んだものを並べ、ゼウスに好きな方を選ばせた。ゼウスは外見にまどわされて、骨の方を取ったのである。[79]

そしてもちろんそのあと、火を人間に与えるかどうかで、ゼウスとプロメテウスは対立し、プロメテウスがひそかに火を人間たちにもたらした。これはヘーパイストスの鍛冶場の火で、ということは単なる煮炊きの火ではなく、金属を加工する鍛冶の火だったので、同時に人間たちに金属加工その他の技術を伝授したことになる。ゼウスが怒ったのはその点によるのである。いずれにしてもギリシアの神々の世界では、天の神ウラノスがいるし、人間をつくりだし火を与えたプロメテウスがいて、ほかにもゼウスに対抗する巨人たちがいた。ゼウスは至高神といっても妻のヘラにさえ頭が上がらない情けない亭主でしかなかったのである。

ゼウスはその自分の夫婦生活の復讐のように、パンドラをつくってプロメテウスの弟エピメテウスに与えた。彼女がもっていった壺にはありとあらゆる禍が入っていた。それを開けたパンドラがあわてて蓋を閉めたときは、「希望」だけが壺の底に残ったという。この浮気女パンドラの贈り物は、ゼウスによるプロメテウスへの最大の復讐でもあったのである。パンドラは人間界の最大の禍になった。

パンドラは神々にとっても脅威であったろう。地上の美女に迷う神がいたのである。神々さえ手玉にとる女がいた。神々さえたぶらかす最高の知恵者としての人間もいたかもしれない。巨人たちとゼウスが戦ったときも勝利を得るには人間が助力をしなければならないというので、ヘラクレスに助力を頼むのである。そのヘラクレスが狂気に襲われて、自分を見失って妻子を殺してしまう。あるいはその次に娶った愚かな妻に送られた毒の染みたチュニックを着て肉を焼かれてもだえ死にをするのである。人間の精神を苛む狂気、あるいは愚かさが英雄を滅ぼすのだが、それは決して大いなる神の意思によるものではなかった。人間の本質的な悪、あるいは愚かさによるのだといってもいい。[80]

英雄は異常出生をし、試練を経て、悲劇的な死をとげる。その試練が国土創生などにかかわるもの、帝国建設にかかわる大遠征などであるときは文化英雄の性格をもつが、道化師のいたずらでしかない場合はトリックスターになる。

造成神か破壊神かだが、どちらに転ぶかは微妙である。ロキはトリックスターだったが、巨人とのからみでは文化英雄の働きもしている。スサノヲも罪と罰の文脈からはずしてみれば高天原でいたずらをしてきただけかもしれない。少名毘古那は大国主と会ったときにとびついて頬をかじったなどというところはトリックスターだが、大国主とともに国土造成に献身しているところは文化英雄である。ポリネシアのマウイは典型的な文化英雄だが、火を取りにゆくところなどでは悪ふざけをするトリックスターである。孫悟空やインドの猿神ハヌマーンが活躍する冒険物語では、彼らの行為は破壊より建設の性格が顕著である。世界はときにトリックスターによってつくられる。[81] アフリカのエシュやアナンセも両義的なトリックスターである。彼らトリックスターによってつくられた世界には、渡れない川、登れない山、噴き出したらとまらない泉、熱すぎる火山など、理屈に合わない造作が散りばめられている。アメリカのコヨーテは空に星を配置しているときに面倒になって星を入れたバケツをひっくり返してしまう。地上の風土でも、乱雑に投げ出された山々などがいたるところに見られる。そしてしかしそれら、でたらめな気まぐれの結果の作品としての世界が、たとえば、文化としての山登りの楽しみをつくりだす。[82]

## 六、曼荼羅の世界

風景の思想として各地の参詣曼荼羅を取り上げる。これに近いものとして、たとえば、サンチャゴ・デ・コンポステラの巡礼曼荼羅があればそれでもいいのだが、西洋の巡礼では、画像でそれを描写したものはない。エデンの園の絵地図のようなものを考えてもいいが、画像表現としての説得性には欠ける。日本でも本当は熊野曼荼羅の下の方に描かれる補陀落渡海《ふだらくとかい》の行く先の絵地図があるといいのだが、これは誰も行ったことのないところだけに、描きようがなかったのかもしれない。

### ◉熊野那智参詣曼荼羅

まずは《熊野那智参詣曼荼羅《くまのなちさんけいまんだら》》である。那智の滝のなかに不動明王の炎が見える。文覚上人の荒行で、寒中の滝行のさなかに気を失って滝壺に沈んだ文覚を不動明王の使い

歌川国芳《文覚上人那智の瀧荒行》

《熊野那智参詣曼荼羅》
1600年頃、熊野那智大社
（下＝部分図）

神コンガラ童子とセイタカ童子が滝に飛び込んで、すくいあげる。[83] 滝の中には常時、不動明王の炎が燃えている。「水中の火」というパラドックスが混沌の海を受胎させたアグニの神秘のように燃えている。[84] 画面下には前述のように補陀落渡海の舟がすでに帆を上げている。そしてそこへ行く人々が渡っている橋が描かれる。西山克によれば、橋を渡ることに特別の意味があるという。熊野那智神社の本殿には夫須美神が鎮座している。この曼荼羅の上の部分にはほかの曼荼羅を見てわかるように山が描かれるべきである。日本の社寺は多く川の源流点、山際に建てられる。それは那智の場合も同じだが、背後の山が単独峰ではなく、連山となっていて、絵にしにくかったのかもしれない。那智のヴァージョンでは瑞雲が山並みを那智から分けている。

### ◉立山曼荼羅

立山では地獄も描かれる。ただしこの吉祥坊本で

《立山曼荼羅（吉祥坊本）》富山県立山博物館

は火車や血の池地獄なども描かれはするものの、芦峅寺や布橋勧請会の描写が山々の背景のもとに描かれていて、山中の地獄の描写は少ない。地獄というよりやはり山岳聖地として描かれている。山は熊野と同じく単独峰ではなく、立山連山として描かれる。ただし現実の風景ではないから、たとえば万年雪は描かれない。またほかの曼荼羅のように海は描かれない。

◉春日曼荼羅

春日では白鹿が鹿島神宮から鹿島神を春日に勧請するところを描いた《春日鹿曼荼羅》と、春日山を背後に控え、そこに勧請される諸仏の画像が描かれた《春日宮曼荼羅》とがある。先に見たように、日本の聖地の風景は背後に山を背負い、そこに諸仏が垂迹し、ふもとに社寺があり、川が海にそそぐ様子を、場合によると暗示する構図になっている。山がそこにあるせいか、五重塔など

《春日鹿曼荼羅》鎌倉時代、奈良国立博物館

《春日宮曼荼羅》鎌倉時代

はあまり描かれない。春日曼荼羅は例外だろう。山は富士以外はそこへ登るものではなく、そこから神々が下りてくるところとされている。春日曼荼羅の鹿も空を飛んで春日山に下り立ったものと思われる。そして後にかかげた伊勢の例に見るように、いずれの神社も原生林や豊かな緑に囲まれている。緑濃い山野の奥にたたずむ神社は、そこに描かれていなくとも、海を臨む地であり、熊野のように補陀落渡海に乗り出す常世の入口なのである。

宗教画としては「涅槃図」、「六道絵」、「十界図」、「来迎図」などもあるが、いずれも死後の風景になる。

◉富士参詣曼荼羅

《富士参詣曼荼羅》では、ふもとの浅間神社は小さくまとまっていて、ご神体としての富士がその上に聳えている。そこまで登ってゆくつづ

《阿弥陀二十五菩薩来迎図》部分
京都・知恩院

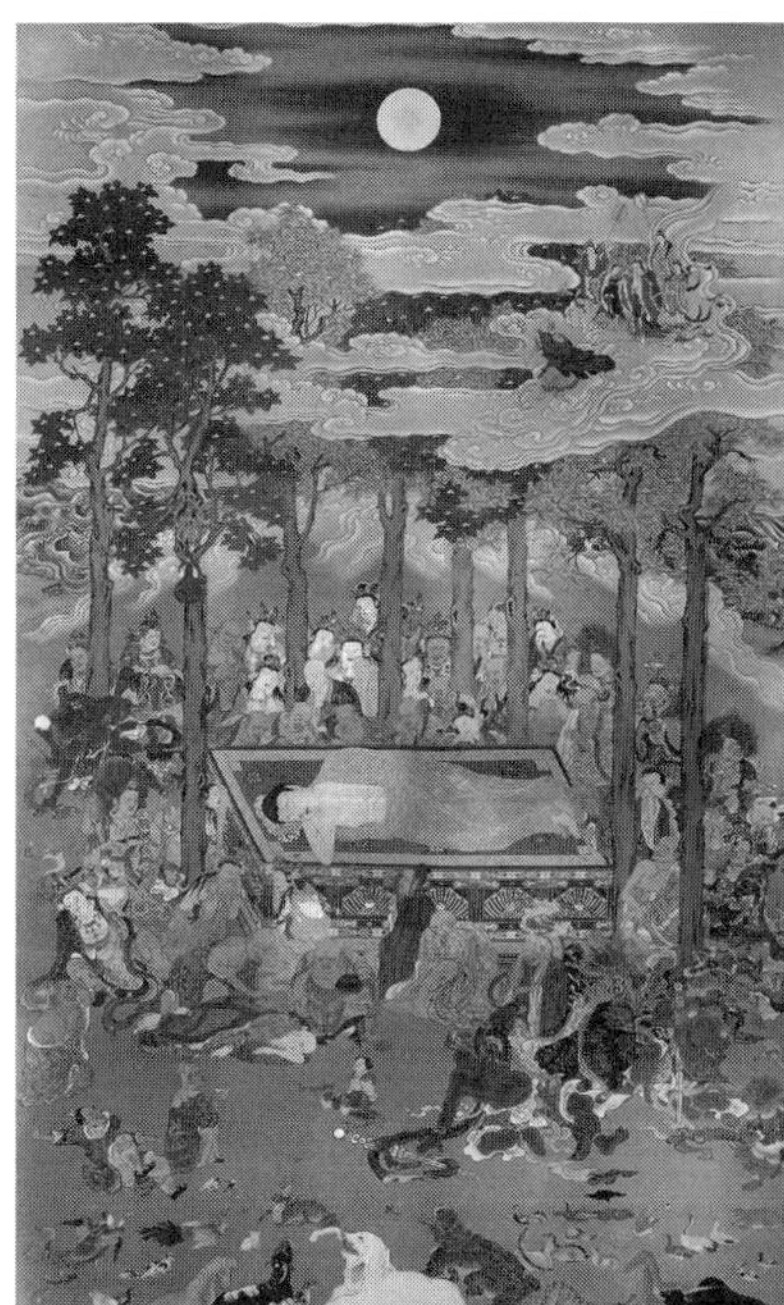

《涅槃図》部分、三重・中山寺

《富士参詣曼荼羅》室町時代、富士山本宮浅間神社

ら折りの参詣路も描かれているが、熊野と違ってここには滝も川も見えない。海は描かれていて、小舟も帆掛け舟も見えるが、あくまで山岳信仰の聖地である。富士山の左右に日月が小さく描かれているのも、山を中心にした構図からきている。

## ◉当麻曼荼羅

現在、奈良の當麻寺に伝わる曼荼羅は保存状態が悪く不鮮明だが、藤原南家郎女《ふじわらなんけのいらつめ》（中将姫）によって蓮の繊維をもって織り上げられたという伝説の当麻曼荼羅《たいままんだら》では、二上山に葬られていた王子が阿弥陀として立ち現れる神秘が山越の阿弥陀のように描かれていたはずである。伝説では阿弥陀は入日の荘厳のなかに姿を現したとされている。

ただし、当麻曼荼羅は参詣曼荼羅ではないと思われる。

奈良・當麻寺に所蔵される損傷の激しい当麻曼荼羅（根本曼荼羅）の部分

曼荼羅を織る中将姫
（當麻寺《中将姫絵伝》より）

《山越阿弥陀図》京都・永観堂禅林寺

◉日吉山王曼荼羅、伊勢参詣曼荼羅

日吉にはもちろん比叡山が描かれる。伊勢には山らしい山はなくとも曼荼羅では右上に高倉山を描いている。そしてその下に天岩戸が見える。川は五十鈴川である。そこに太鼓橋の宇治橋がかかっている。山と川と日月と橋とが参詣曼荼羅では必須である。山中の洞穴もまた再生の秘儀が行われる秘所であったろう。富士にも立山にも戸隠にも洞窟があったのである。

《山王宮曼荼羅》室町時代、奈良国立博物館

《伊勢参詣曼荼羅》江戸時代、三井文庫

◉善光寺参詣曼荼羅、清水寺参詣曼荼羅

大阪・藤井寺市の小山善光寺の曼荼羅では上部に戸隠と飯縄山が描かれている。下部には犀川と賽の河原が描かれる。山があって川があり、中央にそれをつなぐ寺社の伽藍がある。清水寺参詣曼荼羅でも下に川が描かれる。日月も垂迹仏もないが、背後の山には寺院が描かれる。

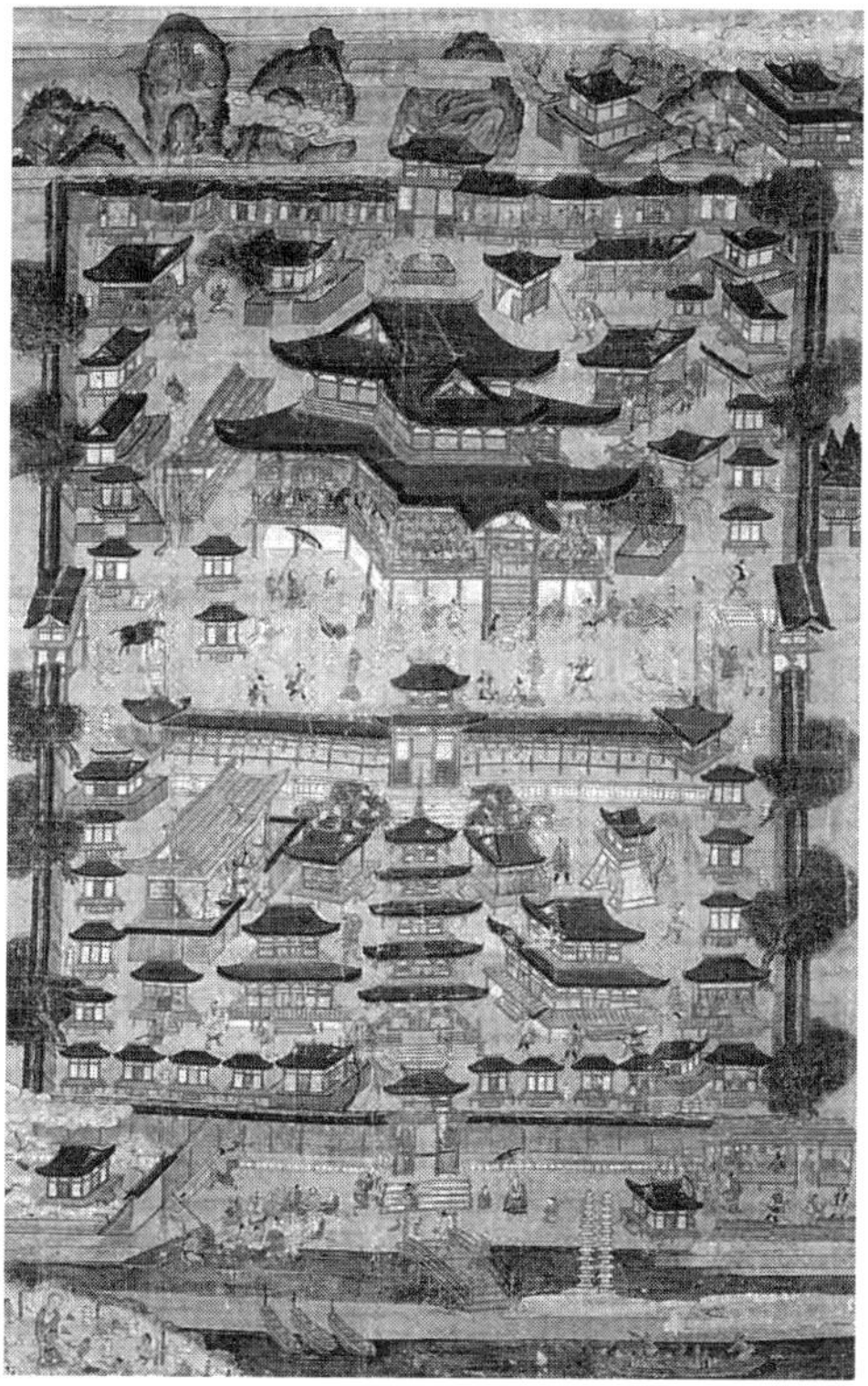

《善光寺参詣曼荼羅》大阪・小山善光寺

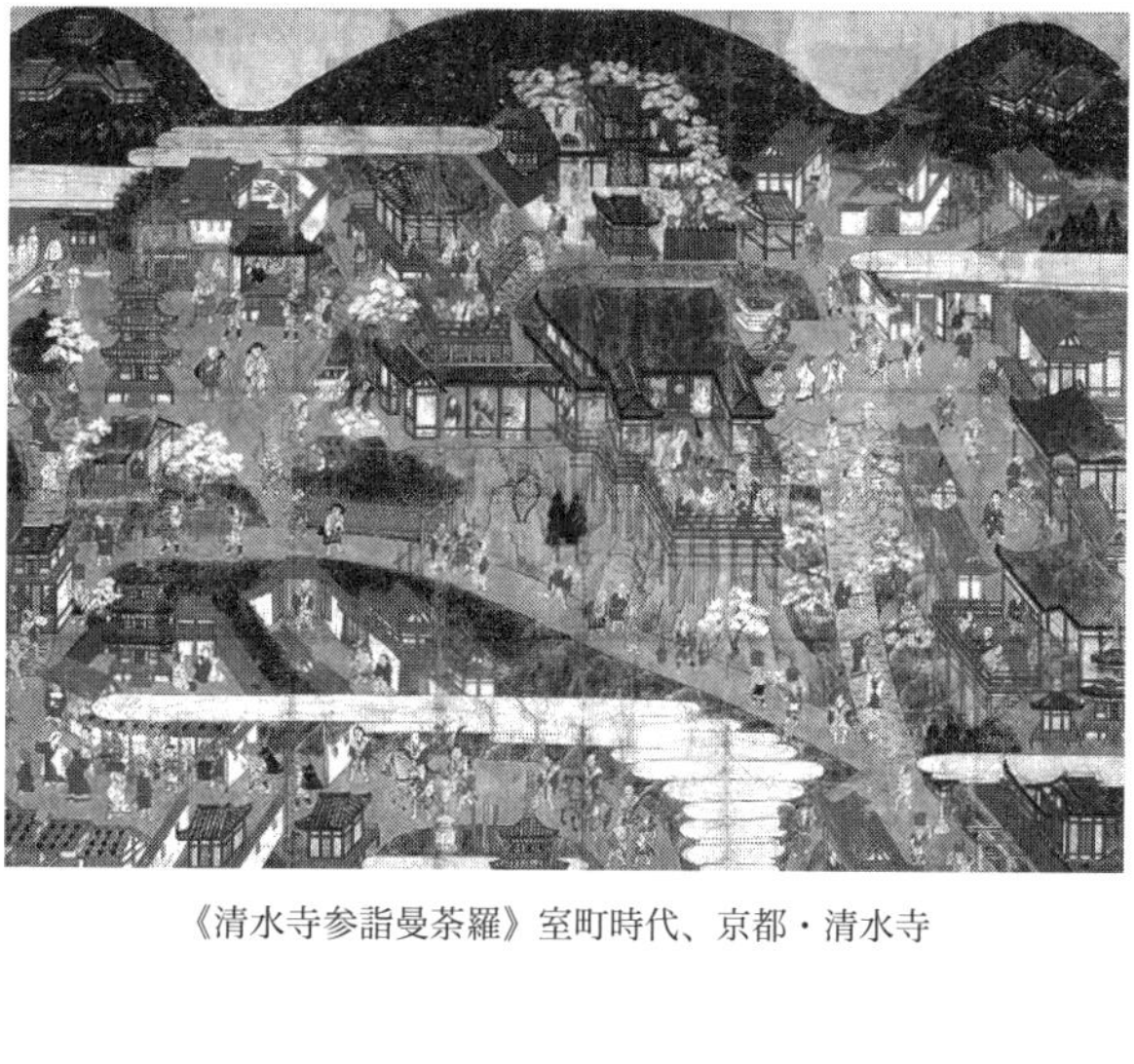

《清水寺参詣曼荼羅》室町時代、京都・清水寺

# おわりに

砂漠には砂漠の神話があり、熱帯雨林には熱帯の神話がある。[01] ギリシアにも岩山ばかりではなく森があって、美しい女神が木陰の泉で水浴をしていた。中国では洪水を治めた禹の神話があり、日本には木を植えた神話がある。それぞれの風土がそれぞれの神話をはぐくんできた。ただどこでも自然はやさしく人々を見守るだけではなく、密林やタイガには「主」がいて、人はその超越者と戦って文明を築いてきた。森を切り尽くして滅んだ文明もあったとしても、森や砂漠と戦って築き上げた文明もあったのである。ただ、そうやって各地の怪物を退治してまわったヘラクレスやテセウスの最後はギルガメシュのそれと同じく悲劇的だった。彼らが戦った相手のうち最大のもの、自然そのものである死を彼らは逃れられなかった。ギルガメシュのごとく、ヘラクレスも一度は「不死」を手にしたにもかかわらずである。[02] 彼が冥府を訪れたことは、その後の死を暗示していたのかもしれない。神話の風景には常世も含めた冥府のそれもあった。冥府の大神というイザナミはどこにいるのかという謎にも迫った。「はじめに死者の霊魂のとどまるところが『青の島』だった」（『常世論』）という谷川健一の直感にも触れた。

以上、二〇一九年の比較神話研究会の議論をふまえ、それを研究会の論集『神話と風土』にまとめた。それを受けてここでは、各地の神話と風土を、彼岸も含めて概観し、風景の思想をたどってみたのである。[03] 風景のなかには裸でたたずむ女もいる。裸で大神にしがみつく女神もいる。蛇を見て逃げる男のいる風景もある。自然そのもののようでもどこかに人間の手が入っている。神話の風景は逆説的ながら人間的風景であった。

# あとがき

『世界動物神話』から、植物、鳥類、昆虫、魚類の神話をまとめ、ここに地球の風土の神話をまとめた。

これを書いていたころには世界はまだ安穏だった。したがって「悪」の問題には触れる契機がなかった。その後、しかしこの本の印刷の準備にかかるころから「緊急事態」が宣言されるまでに至った。もちろん、戦争にしても、天変地異にしても、そして今日のような疫病にしても、人類に襲い掛かる災い、あるいは試練は常に繰り返される。それに反して、神話は不朽の真理を大いなる自然の営みのなかに追求する。人が悪疫を避けて逃げ惑っても、風土と自然の山川のたたずまいは変わらない。

本書の刊行にはいつもながら八坂書房の三宅郁子さんのご尽力があった。とくに画像の探索・調査には全面的にお世話になった。御礼申し上げる。

二〇二〇年四月

篠田知和基

# 註記

## はじめに

01　月の姫君が竹の節の中に入れられて地上へ流されたのである。これをつたって天界へ行けるわけではない。天へ昇るときには天の車が迎えに来る。

02　夜郎国の始祖伝承では、男の子が入った竹が川を流れてくる。

03　そもそも馬車などというものがなかったところでは当然話が違う。

04　ガラス（Verre）ではなく、貂の毛皮（vair）だという議論があったが、どちらでもいい話だ。

05　キリスト教は砂漠地帯ではほとんど受容されていない。

06　五〜六世紀にはすでに内容の大筋は固まっていたという説もある（『シンポジウム「日本の神話」5　日本神話の原形』）。逆にもっと後代の成立であるとする説もある。

## I　神話と風土

01　天をささえる柱の一本が折れ、「地が東西に欠けて、そこに海が生じたという観念は、中国の地勢を考えると、すぐに理解せられる。環境が神話の内容構成を決定した好個の一例証である」と松村武雄が言っている（『中国・台湾の神話伝説』）。

02　実際は山の水による過剰灌漑で、岩塩が畑に流れ込んで砂漠化したという。

03　テクストでは、神聖な森に入って、杉の木を一本切り倒したところにフンババが飛び出してきて、これをギルガメシュが仕留めたことになっている。森全体が破壊されたとはいっていない。ギルガメシュはこのあと淫蕩な女神イシュタールの誘惑をしりぞけ、天から送られた牛を退治し、ウトナピシュティムのところへ行って不死の草をもらってくるものの、途中で蛇にその草を奪われてしまう。

04　古事記の須佐之男と書紀の素戔嗚を峻別すべきと水林彪はいうが、ここではあえてその双方をスサノヲと表記する。ちなみに植林神話は素戔嗚である。根之堅州国神話では須佐之男である。

05　これは安田喜憲氏の説だが、日本でも戦国時代には武器の生産のために山の木を切り尽くして、いたるところ裸山になり、山砂が海岸に流れ込んで白砂青松の風景をつくったという。松は荒れ地に生える樹種なのである。その後、幕府も諸国の大名も植林を進めて、その結果、森林率が高くなったが、ほとんどは杉やヒノキの植林山で、原生林はほんのわずかである。また、日本の山々に木が残ったのは植林政策のせいだけではなく、水田が貯水池の役を果たしたからだともいうし、また牧畜が発達しなかったので、森林を切って牧草地にすることがなかったせいだともいう。もちろんそのほかに、温暖多雨の風土によるところも大きいだろう。森林保存の原因は多様で、スサノヲの神話だけでは説明はつかない。鎮守の森の働きもある。

06　イザナギの鼻から生まれたとするのは古事記で、書紀ではヒルコの次に生まれている。しかしその性格は「無道」であり、「勇悍」である。

07　農耕神としては根之堅州国でのオホナムチが受けた試練に野焼きがあったのでわかるように、焼き畑農業だった。それに対して、畔のある田をつくっていた高天原は水田耕作を取り入れていた。これは焼き畑と水田の葛藤ともみられる。

08　つまり文化英雄ではなく自然神である。彼を嵐神とすることは高山樗牛以来の通説という。

09　噛み砕いて吹き出すという作業は単にそれぞれ相手の持ち物に宿った性格を具現するための手助けでしかない。これを二神による性行為とみなすなら、剣はスサノヲの男根であり、珠はアマテラスの卵子である。これについて「シンポジウム高天原神話」で大林太良は懐疑的だが、珠は球形であれば卵のかわりだろうし、勾玉の形なら胎児をあらわすだろう。剣と珠の組み合わせはやはり男女の性をあらわすとみたい。

10　スサノヲは根之堅州国を支配する。この国の性格や位置については定説はないが、「根」が地下を指すとともに樹木の根でもあることは否定できない。比較神話的にはエジプトのアム・ドゥアト、北欧のヘルが想起される。

11　スサノヲの乱暴狼藉のうち斑駒の皮剥ぎについてはここでは論じない。それが斑であれ、逆剥ぎであれ、馬ないしその皮を投げ込まれれば、驚くのは当たり前である。あえていうなら、投げ込んだのは皮を剥がれた死体ではなく、皮だけであったことを指摘しておこう。そうでなければ、斑の意味がないからだ。馬の犠牲でもシベリアでは皮を竿に吊す。

12　この瓢箪は子宮の隠喩である。

13　人が乗れるほどの巨大な瓢箪は熱帯地方では普通に見られる。

14　イナンナの地獄下り、オルペウスの地獄下りのほか、ヘラクレスも地獄下りをした。なおイザナミの黄泉の国下りといったが、黄泉の国は地上と同じ高さのところにあるという説もある。黄泉の国行といった方がいいだろう。

15　ペルセポネはハデスにさらわれて冥界の女王になった。ただし母親のデーメーテールがゼウスにすがってペルセポネを取り戻そうとした。そこで一年の三分の一を地下で、残りの三分の二を地上で過ごすことになった。

16　イザナミも黄泉の国の食べ物を食べたために地上へ帰れないという。逆に妖精界からこの世に戻ってきたものが、禁じられた食べ物を口にしたために玉手箱をあけた浦島と同じようにくずおれる。

17　ヨモツヘグイは黄泉の国の火で煮炊きしたものを食べたことと

される。

18　洪水は地上の悪徳を洗い去り浄化するものである。したがって河川の増水の方が、湖水の水位上昇より機能的である。

19　コノハナサクヤ姫とイワナガ姫の神話のように滅びやすいものと堅固なものとの間で、前者を選択したために人は短命になったとする神話を「バナナ・タイプ」という。

20　和辻のこの風土論は砂漠や牧草地が必ずしも神話の時代からそうであったとは限らないことを考えると、留保が必要となる。

21　日本を「モンスーン地帯」といったのでは何もいったことにならない怖れもある。とくにモンスーンを「季節風」と訳した場合はそうだろう。日本は六月に梅雨、九月に台風がある風土である。また温帯多雨地帯である。

22　ヘロドトスのいうところではギリシア侵攻にあたって近臣のひとりが、それは「世にも麗しい国土で、あらゆる種類の栽培種を産し、地味もまたゆたかで」あると言ったという。

23　ヘロドトスによるとデロス島も緑の島だったという。

24　平地は水田、丘陵地は茶畑、あるいは果樹というのが近世以来の風景だった。

25　ゴムは合成化学製品にとってかわられる。アブラヤシから取れるパーム油も同様だろう。しかしコーヒーなどの食品生産は増えこそすれ、後退はしないだろう。

26　狼は北欧にももちろんいた。北欧神話のフェンリル狼がそれを跡付ける。が、最初の人類が乳を飲んだのは北欧では牝牛アウズムラだった。牛はギリシア神話でも、ケルト神話でも必ず出てくる。神話は牛の家畜化の進んだ時代のものだったのだろう。なお人狼については拙著『人狼変身譚』参照。

27　即ち紀伊国に所坐す大神是なりという。

28　イザナミが根之堅州国にいるという話はどこにも書かれてはいない。書かれているのは黄泉の国に行ったということである。しかし黄泉の国はいつまでもいるところではない。そこは殯の期間だけいるところで、そこで浄化されれば根之堅州国に行くのである。そこからさらに常世へ行く死者もいたかもしれない。人はこの世にも永遠にいたわけではないように、黄泉の国にも永遠にはいなかった。死後すぐに浄化の世界を通過するという観念は比較神話の観念である。

29　佐藤正英は「根」を「岩根」ととって、「根之堅州国」を「地表に露出した岩石が中州になっていて、周りに水が流れている情景」とする。そのような解釈もあり得るとしておく。水林彪は「根なるものが芦原中国を堅すところの国」とする。なお日本書紀では「根の国」である。

30　根之堅州国と黄泉の国を同一であるとみる説もあるが、採らない。出口はたしかに黄泉平坂で同じである。しかし入り口は違う。冥界ではあるが、黄泉の国とは違う冥界である。

31　高天原では畔をつくって水田にしていた。焼き畑民が水田を壊しにいった話である。

32　古事記ではネズミ、ウサギ、亀などの小動物のほか、猪、熊、鹿などの比較的大きいがどちらかといえば身近な動物が出てくる。

33　もっとも入眠幻覚においては狭い洞穴をくぐり抜けて広々とした野に出るのは、より深い眠りの世界への「目覚め」であり、朝の寝覚めはあまり開放感はもたらされない。

34　のちに論ずるように黄泉の国の位置について云々することは神話としては無意味であるのと同じく常世についても地理上のどこに相当するかという議論は無意味であるが、古代人の想像の上でそれが東方であったのか、西方であったのかということは論ずる意味があろう。と同時にたとえば竜宮のありかなどのように、それはどこにでもあったともいえるのである。それは出雲の社殿が向かっている方角でもあり得たし、伊勢の海岸から望む方角でもあり得た。あの世はどこでもあり、またどこでもないのである。

35　ただし、茨城の大洗海岸に少名毘古那が漂着した話もあり、常世幻想が見させた夢はどこの海岸でもそこから眺めた青い水平線のかなたであったかもしれない。三浦佑之は出雲の先の海のかなたを想定している。常世の語はもうひとつ、富士川のほとりの「常世虫」のくだりにも出てくる。さらにタジマモリが「ときじくのかくのこのみ」を取りに行った常世もあろう。

36　さらに魚醤文化、なれずし文化なども指摘される。神を祀るのに魚を用いることは、東南アジアやオセアニアの沿岸部で、主として豚を犠牲にすることと対照的である。なお魚介類については聖書で鱗のないものを食べてはいけないという禁忌が記されていることが注目される。神饌に魚を用いることについては、中山太郎が、「単に贄といえば、魚類を意味していて、他の禽獣類をふくめぬ」といっている。

37　多田智満子は「なぜこれほどの稀有の大木を切り倒したのか」と疑問を呈しているが、南の島の海洋民族がカヌーをつくるのに木を選ぶときは森一番の巨木を切ったものである。百人乗りの大船は、左右五十人ずつ、長さ五十メートル以上でなければならなかった。日本ではクスで丸木舟をつくったが、それほどの大木はクスでは得られなかった。島嶼化してすべて矮小になっていた日本の風土では外洋航海をするカヌーもつくれなかった。ポリネシアでは熱帯性の気候のために島嶼化が限られていて、巨木が生えていたのである。

38　なお、この舟が淡路島に往復していたというのが少し気になる。イザナギの「幽れ宮」がこの島にあるのである。死者の国に往復する舟だったのかもしれない。

39　ペルシアは内陸の帝国で海軍力においてはギリシアに劣ったのである。

40　蒙古が攻めて来たときには、向こうは大船を仕立てて来たのに対し、それを迎え撃つ日本の方は、この時の戦いを描いた絵巻などで見る限り、片々たる小舟に乗って、蟻が象にたかるようにしている。蒙古も海洋民族ではなく、巨大な戦艦などは持っていなかったが、日本に攻めて来るにあたっては朝鮮で戦艦を徴用したのである。しかしその朝鮮も海洋民の国ではなかった。蒙古が日本侵略を諦めたのには海軍力の不足もあっただろう。朝鮮もまた、巨船を仕立てるだけの巨木を生やした森は持っていなかった。

41 この話はインドネシアで語られている。「なくした投げ槍」もある。

42 ワニは神話的動物としてのワニである。現実のサメではない。と同時に「ウサギとワニ」の話が語られていた国では現実のワニだった。それをワニを知らない古代の日本人がどう想像していたかはわからないが、海辺のみならず陸上にもあらわれる獰猛な動物という理解でいいだろう。鰐という漢字にいかなる動物が相当するかは当時の中国語の知識には象などと同じ程度には理解されていたと思われる。

43 トヨタマヒメがやってきたのは宮崎の鵜戸神宮のあたりと言い伝える。

44 浜辺の神話についてはアラン・コルバンの『浜辺の誕生』（藤原書店、一九九二年）がある。

45 これもインドネシアにある。なお猿田彦は海底に引き込まれても死んではいない。溺れて泡を吹いているが、死んだとはされていない。

46 東北の縄文文化は鮭に依存していたというが、西日本でも、主たる食料は海産物だった。少なくとも動物性たんぱく質の供給源は海だった。

47 開闢神話として、始め「世界」という観念をあらわした神が登場し、ついで、自然の諸力をあらわした自然神があらわれ、その次に人間の姿をした人文神があらわれて、国土を造成する、そしてはるかに時代を下って王権が成立するという世界神話の文脈にこの葦牙《あしかび》説は合致している。そしてまた日本が葦の生える泥から生まれたとする観念は松本健一の「泥の文化」論にも通ずるところだろう。

48 アルテミスは熊女神でもあり、ブラウロンでは信者の娘たちが熊踊りをしていたが、この女神を祀るのに熊を犠牲にしたという話は聞いたことがない。また羚羊のたぐいはアルテミスの信仰域には生息していなかった。狐や狼は食料にも神への犠牲にもならなかった。

49 ローマではネミの湖の周りに森があって、そこにディアナ・ネモレンシスの神殿があった。その神殿の司祭はたえず暗殺者の刃に怯えていた。彼を殺した者が新たな司祭になるのだった。その血なまぐさい司祭交代の儀式は、深い森のなかで繰り広げられた。アルテミスについてR・ハリスンは次のようにいう。「森の処女神として、アルテミスは森の暗い影の奥、人が近づけない、あるいは近づいてはならない領域に引きこもる」。

50　カリストが熊になるときに生まれたという。ヘルメスがその子を取り上げ、ヘルメスの母マイアに預けた。

51　物を背中越しに投げるという儀礼があったのであろう。魔法使いの国から逃れてくるときの逃走譚でも、櫛だの、ブラシだのを背中越しに投げるのである。あるいはロシアの昔話では、木の枝を背中越しに投げるのが、呪術的なしぐさになっている。

52　ある島（セリファス島）が石ころだらけであるのは、ペルセウスが王とその取り巻きたちにメドゥサの首を見せて石にしたからだという。

53　アテネはこのときまでは初代王ケクロプスにちなんでケクロペイアといっていた。なおアテネはポセイドンにも恩義を感じていた。とくにペルシアの大艦隊が海が荒れて壊滅したときはポセイドンのお陰だとした。

54　これに似ている話にニニギノミコトの一行が日向に下り立った際、日が陰って薄暗くなったので、持っていた稲穂の籾を播いたところあたりが明るくなったという神話がある。もちろん穂落とし神話もある。

55　地中海地域で、船を建造する材木を供給していたのはレバノンで、その地の「香柏」すなわち「レバノン杉」が珍重されており、エジプトなどにも輸出されていたが、「アジア」の材木はトロイ戦争のときのギリシア方には利用できなかった。時代を下ってスペインとイギリスが世界の海の覇権を争ったころの巨船の建造には船体はオーク、帆柱は樅が使われた。

56　まず石をどかしてその下に隠されていた父の剣を発見する。

57　最初の妃はヘレネで、アリアドネとも結婚の約束をしていた。

58　この話は少し奇妙である。アルテミス信徒は女ばかりだったのではないだろうか。

59　義弟とか継子とか、あるいは家臣などに言い寄られたと偽りの証言をした女、あるいはその種の讒言をする家臣などの話は古典から中世説話にいたるまで数限りなくあり、聖書ではポテパルの妃の話であり、エジプトの「二人兄弟」の話で、中世では「ランバル」などである。女がその種の讒言をされた場合はたいてい森に捨てられた。

60　ギリシアでも半島の先端に位置するアテナイは海洋国家だった。サラミスの海戦では、ペルシアの大群を討ち破ったのである。また遠洋航海をして、フランスやスペインにマルセイユなどの植民地をつくった。

61　黄金の角の鹿で、アルテミスの聖獣であった。これは殺さずに生け捕りにして、のち放された。

62　田畑を荒らす鳥で、あまり人間には害をなさなかったようである。

63　エリュテイアはイベリア半島の先に浮かぶ島というが、このあと東の果てのスキタイへ行っているので、このあたり実際の地理的感覚とは一致しない。

64 神々の用いた計略の第一は血のような色を付けたビールをセクメトに飲ませて酔わせることだった。

65 ウジャットは人の目の形の呪物で、トートがこれを捧げ持つ姿が描かれている（下図）。

66 古代エジプトの暦では三十日×十二か月で、あまった五日が禍の期間とされた。と同時にこの世とあの世の堺が開くときでもあった。

67 ビブロスの岸辺のタマリス（ギョリュウ）の木にオシリスの棺は包み込まれていたという。それを王が切らせて宮殿の柱にしていた。この木はタマリンドだったともいい、吉村作治によるとイチジクになる（『ファラオと死者の書』）。また多田智満子だとエリカになる（『森の世界爺』）。

E.A.W. バッジ『エジプトの神々』（1904年）より

68 アドニスはアプロディテーに愛されたが、狩りの最中、猪につき殺された。アドニスの園はそのアドニスの死を悼み、復活を期待しておこなう祭式の祭具である。

69 イシスを排除した理由は語られていないが、当事者の近親であるからというのだろうか。男神だけで、女神を除いて会議を開いたというのは女神の権力の強いエジプトでは考えにくいことである。

70 多田智満子はパピルスの舟だったろうという。葦舟ではワニの攻撃にあったらひとたまりもないからというのだが、葦舟すなわちパピルス舟だった。舟をつくるためのそのほかの材料はなかった。

71 近年、土産物のパピルス紙を作るための材料として、ナイル川下流のカラモウス村で集中的に栽培が行なわれているとのことである。

72 ガンガーが天に戻ってもガンジス川は悠然と流れている。ガンジスの女神といっても、川そのものではなく、河流を司る神だったのだ。ガンジスの降下のときは女神はガンジス川と一緒に天から下ったが、天へ戻るときは、川とは別れるのである。

73 泰山には「天門」があり、また山中には泰山府君の治める地獄もあった。

74 指輪で認知されることになっていたのを泉で落としてしまった。

75 水神はメソポタミア以西では牛で、日本でも牛が淵の主になっていることがある。

76 竜は想像上の動物と思われるが、コモド・ドラゴン（コモドオオトカゲ）などは、現実の動物である。矮小化した恐竜だが、東南アジアの沿

コモド・ドラゴン

海部ではコモドだけではなく、同様な怪物がほかにも生息していたと思われる。

77　洪水を逃れた女が振り返ってみたところ、桑の木になって、やがて、そのうろのなかに子供が産まれた。

78　竜が天に昇って雨を降らせる。その雨とともに竜が地上に下って川に流れ込み、やがて海へ入って、竜宮に鎮座する。雨と竜の循環である。

79　この近くに牛馬での農耕を教えた后稷の墓がある。

80　この話はフランスでは「エリオックス」として知られている。

81　ヘルメスは盗んだ牛を隠し、一頭だけ殺して、神々への犠牲にした。

82　ロキたちが旅をしている途中、牛の群れをみつけて、そのうちの一頭をつかまえ、これを殺して食べようとしたが、いくら焼いても肉が焼けなかった。それを見ていた鷲が、自分にも少し肉をよこせば、肉が焼けるようにしてやろうという。この鷲は巨人シアティが変身したもので、肉が焼けなかったのも彼の魔法のせいだった。ロキたちはそれを聞いて、鷲の要求を受け入れたが、いざ肉が焼けてみると、鷲がその大部分をさらっていこうとするので、ロキが怒って鷲を棒で叩くと、その棒が鷲にくっついてしまい、棒を持ったロキも一緒に鷲にさらわれて、空高く舞い上がってしまった。ロキは慌てて、助けを求め、鷲が若さの女神イドゥンをよこせば、放してやるというのを承知してしまった。そのあとで、ロキがほかの神々に責められて、苦労してイドゥンを取り返しに行き、シアティと戦うことになる。「取り付け、ひっつけ」は昔話分類で五七一番になる。

83　このボイン川の水源の泉は聖なる泉で、厳重なタブーで守られていたのに、女神はそれを無視して近づいたために、ポセイドンの怒りにふれて、流されたという。デュメジルにこれを取り上げた論文がある。

84　フランスのブルターニュでも海に面した崖の洞穴には妖精が棲んでいる。

85　サンドの主人公は養い親のところを逃げ出して森へ行った。すると森の樫の木が、口をきいてそこに住みつくことになる。手頃な洞があったのである。

86　Laurence Harf-Lancner, *les fées au moyen âge*.

87　このポラードで形成されている林をフランス語では tailli というが、刈り込んだという意味である。ここでは猟はしなかった。猟のために保護された御料林は、フォレ（英語のフォレスト）で、人が入り込まない原生林はフュテという。ヨーロッパは森の文化だけに、森林の言い方にも色々ある。

88　そしてまたネス湖などの湖水の風土でもあった。

89　人間たちの世界ミッドガルドにも山があり、川があるだろう。しかし、すべての川はこのユグドラシルの根方から流れ出ているという。根がミッドガルドより下にあるのだとすると川がそこから上の世界に流れていることになって奇妙である。しかしユグドラシルには三本の根があって、そのひとつはアスガルドに達している。となるとミッドガルドは根の中の世界なのかもしれない。
90　『カレワラ』の準備ノートとして「原カレワラ」が残されており、それによると、例えば、冒頭の水の母の部分は、リョンロットの付け足しではないかとされている。
91　ラインは全長一二三三キロ。ドイツ人にとっては「父なる川」である。
92　ジークフリートは竜を退治してその宝を手に入れた。
93　ラウリンは見事なバラ園を持っていて、そこへ入る者を捕らえて身代金を要求した。彼についてはベルンのディートリッヒとの葛藤が知られている。
94　ゴドフロア・ド・ブイヨンはのちにエルサレム王となった。
95　同じような森へ捨てられた王女では「手なし娘」もいた。
96　アタランテは求婚者に競走を課した。しかしあるとき、走りながら黄金のリンゴを投げた者がいて、それをアタランテが拾おうとしているすきに、彼女を抜いてゴールインした。
97　南欧といえば、イタリア、スペイン、ギリシアだが、ポルトガル、マルタ、キプロスも落とせない。
98　レアはウエスタの巫女で、男と交わってはならなかったが、あるときマルスの目にとまって、双子を懐妊した。スキャンダルを怖れたレアの父親によって子供たちは川に流された。
99　宮沢賢治の『狼森、笊森』にも森を切り拓く農民たちの姿が同じように描かれる。
100　この物語の舞台はフィレンツェないしヴェネチアだった。
101　アルデンヌの森には昔、アルドゥインヌという女神がいて、猪に乗って疾駆していた。
102　『アンダルシーア風土記』で永川玲二はセヴィージャの周りには、およそ山らしい山はないといっている
103　ギリシアの北部から、フランスならポワティエのあたりまで、早春にアーモンドの桃色の花がいっせいに花開くのは壮観でもあり艶麗でもある。
104　これは精神分析でいう「原風景」である。両親の性行為を見ることを指す。
105　これをそそのかしたのはレモンダンの兄弟である。メリュジーヌの部屋の扉に剣で穴を開けて覗いてみると、メリュジーヌはたらいのなかに入って水浴をしていた。その下半身が巨大な蛇だった。これはメリュジーヌが母親の意思に反して父親に呪いをかけたのを怒った母親の呪いで、金曜の夜には蛇になっていたのである。ただ、民間伝承では全身蛇になっていたという方が多く、下半身だけというのはこの物語をかいたジャン・ダラスの創作かもしれない。蛇女神として竜蛇身が本来の姿なのである。蛇の姿を見られたメリュジーヌはしかしすぐには立ち去らなかった。夫がそのことを口外しない限りはなかったことにしようとしたのだ。

しかし息子のジョフロアが、とある僧院を焼き討ちしたという知らせが届いたとき、レモンダンは思わず人々の前で言ってしまった。これも蛇女と一緒になったせいだ、と。それを聞いて妖精はただちに竜の姿になって窓から飛び出していった。

106　女丈夫ブリュンヒルデを娶ったグンテル王のかわりにジークフリートが王の寝床に入って、ブリュンヒルデを縛り上げる。

107　ことわざでは「大足のベルト」ともいうが、「足」は単数で、つまり片足が大きかったということのようだ。のちにパリの宮廷にやってきたハンガリー女王が娘のベルトになりかわっていた偽の王女を見破るのもその足の形によるという。

108　ここで『聖書』としたものは「ヘブライ神話」というより「キリスト教」である。ユダヤでもなく、現在のイスラエルでもない。

109　主が送った蛇である。その害を防ぐには青銅の蛇をつくって、その十字を立てなければならなかった。青銅の蛇に祈れば、炎の蛇に咬まれた人も治った。

110　「ポーランド分割」をはじめとする大国の干渉や王国の興亡などを繰り返したポーランドではいずれ時がくれば復活しようとする旧勢力が山中にひそむ例などがあり、それが「眠れる騎士」の伝承を生んだのだろう。

111　ハンガリーは伝統的にカトリック国である。

112　ハンガリーの最高峰はゲルラホフスカ山（二六六三メートル）。ハンガリーの森林率は二二・九パーセント。

113　海底に鍛冶の国があるというのは一見奇妙にみえるが、海底も地底の延長であると考えればそう不思議でもない。ゲルマン世界では山の中に小人の鍛冶屋たちが働いている。ギリシアでは鍛冶屋のキュクロペスたちが火山の下などで働いている。地上から見て下の世界は山中でもあれば海底でもあるのである。

114　ズメイという悪鬼で、ドラゴンともいう。

115　トランシルヴァニアはドラキュラ伝説の故郷である。カルパティアにはヴェルヌの『カルパティアの城』もある。

116　『イーゴリ軍記』では「荒野を駆ける灰色狼さながら」とあるが、伝説では変身が語られる。

117　バーバ・ヤガーについては『マザー・ロシア』参照。

118　それに現在の間氷期は一一七〇〇年ほど前に始まっており、神話が形成される時代とははるかに隔たっている。

119　モーケン族はタイ北部の民族で、『黄色い葉の精霊』に紹介がある。

120　インドネシアではオリオン座が日没時に東の空に出ると雨季が始まり、田植えをする。オリオンが日没時に西の空に出ると稲を取り入れ、乾季が始まる。

121　ペリアがひとりで森の中へ入ると妖精があらわれた。妖精たちはペリアに不思議な織物をくれ、それを織るやり方を教えた。王子は森で不思議な織物をみつけ、それを織ることができる娘を探した。ペリアがみつかって結婚した。

122　竹の節の中から始祖が出て来た夜郎国伝承などと、かぐや姫伝承は同日には語れない。竹の寸法が違うのである。熱帯地方の竹にはその中に人がひとり入れるくらいのものがざらにある。

123　先述（註85）のサンドの場合のほか、アファナシエフにもある。

124　イェンゼンの『殺された女神』(弘文堂、一九七七年)に詳しいが、本来の話はヤシの木に食物の女神が生まれたところに重点があるのを忘れてはならない。単に殺された女神から穀物などが生まれたというなら日本のオオゲツヒメ神話の方が典型的である。穀物および、農耕に関する牛馬、蚕などの誕生を物語る。ハイヌウェレの方は芋の起源譚である。

125　タロイモ、ヤムイモ、その他だが、サツマイモやキャッサバの導入は時代を下る。

126　彼女を細切れにしたのは、ハイヌウェレの育ての親であることもある。

127　米、麦、粟、小豆のほかに蚕が生まれている。ツクヨミに殺されたウケモチノカミからも五穀と蚕が生まれ、そのほか牛馬も生まれている。したがって、食物誕生の神話としても、いささか異例である。このところ、岩戸神話に続いて語られる。岩戸においてアマテラスが「うまれなおした」なら、オオゲツヒメも死んで再生したのである。スサノオの「暴力」は、世界を再生させるためのシヴァ神的創造的破壊とみられる。佐藤正英もこの殺害をイザナキによるカグツチ殺害と「通底する」とみている。「生む」ための「殺し」である。少なくともこの件ではスサノヲは責任を問われない。

128　犬婿の話では中国に盤瓠神話がある。耳の中から虫が出てきて、それを盆の中に入れておいたら犬になった。これがのちに王女と一緒になって山中に隠れ住んで犬人の一族をつくった。日本の犬婿の話では、山中で犬と一緒に暮らしていた女がいたが、あるとき、狩人がやってきて犬を殺して、その後釜にすわった。のちにそれを知って女が狩人を殺した。

129　セドナとは「はるか深きにいる方」を意味する。あるとき父親が彼女を殺そうとして、ボートから突き落とす。セドナがボートにしがみつくと、ナイフでその指を切り落とす。指は海の生物になった。そしてセドナは海底で彼ら海の生物を支配する女神になった。ウィルキンソンによると話は少し違っていて、セドナは人間に化けてきた鳥と結婚して夫に虐待され、夫を殺して父と一緒にカヤックで逃れたが、夫の霊が大嵐を起こして追い掛けてくるので、父親がセドナを海へ投げ込んだとなっている。

130　三品彰英は始祖伝承を獣祖、感精、卵生に分けて、それぞれ北から地域をあてはめたが、卵生と感精は接続している場合があり、朱蒙がそれである。河伯の娘柳花を密室に閉じ込めておいたところ、日光が射し込んで懐胎し、卵を産んだのである。なお朝鮮半島には熊から産まれる獣祖説話もあり、檀君神話がそれである。

131　風水といえば、山に登って放尿をしたら、三韓が水没する夢を見て、その夢を買った娘が国の始祖を生む話もあり、「放尿夢」として、井本英一がイランの始祖伝承と比較している。

132　南北両アメリカは中央アメリカも含めてトウモロコシ文化圏である。神話としては「トウモロコシ婆さん」の殺戮と、トウモロコシへの再生が語られる。

133　アステカの自然神としては川や湖を支配する美の女神チャルチーウイトリクエもいる。

134　リトアニアのエグレの神話は海底の蛇族の嫁になったエグレが地上へ里帰りしたとき、蛇王を呼び出す呪文を兄弟に知られ、それを使って蛇王を殺されてしまう。おかげで海へ帰れなくなったエグレが海岸で泣くような葉音をたてるポプラになった話である。

135　レヴィ＝ストロース M157。以後、『神話論理』中で引用される神話を同書の番号でMをつけて示す。

136　レヴィ＝ストロース M237。

137　レヴィ＝ストロース M300a。

138　カオンチとは「狙いを決して外さない狩人」を指す。

139　ちなみに一日で畑を開墾するといった農耕試練はフランスの昔話「悪魔の娘」でも出てくる。一日で開墾し、一日で種を播いて、一日で収穫するのである。オホナムチの話はその後の逃走譚にも世界的モチーフが使われる。が、この焼き畑の場は実際に焼き畑を実行している地域でないと語られない。

140　イエマンジャについては息子に凌辱された話もある。そのときは、腹から果てしなく水が噴き出したという。

141　ブラジルの神話はレヴィ＝ストロースのほかはアルバレスの『森と川の神話』に拠った。

142　ヴィラコチャは湖底の泥を掬ってきて、周囲の山をつくった。

143　これはヴィラコチャの妻ママコチャのことと思われる。

144　南アメリカ最先端に住む人々。

145　『世界神話大図鑑』のヴァージョンでは、妻が不貞をして、その男が彼を殺そうとしたからだと説明されている。また彼が持ち帰った木の皮は、それを煎じて飲むと諸病に効いたという。また彼に治療の秘密を教えたのはジャガーだともいう。

146　トリックスターとしてのウサギの話はウイニコット族でよく語られる。これはアフリカから連れてこられた奴隷たちが語っていたものと思われる。ほかにワタリガラスのトリックスター、蜘蛛人間イクトミなどもいる。

147　猿と蛙が一緒に田をつくるが、猿は少しも働かない。最後に米が取れて餅をついたとき、猿がそれを独り占めしようとして失敗する。

148　水の王としては蛇の王子は水底に住まなければならない。その水底の宮殿で、娘は太陽も拝めないといって、一時は絶望する。

149　オウムというのはクラン（部族）の名前だろう。行動形態は人間である。

150　アボリジニ神話では、虹の蛇が三羽の鳥を呑み込んだ。鳥たちは蛇の腹をつついて穴をあけて地上にあらわれ、最初の人間になった。

151　マウイは漂いながら、「アクア神、カーネ神、カナロア神が住んでいるクアイヘラニ」に流れ着いた。

152　国土創生神話としては島釣り、潜水、国引きがある。潜水はシベリアから北米で語られる。オセアニアは島釣りである。マウイは島釣りをしたあと、釣り針を空に投げ上げた。それがさそり座になった。

153　太平洋を行き来するオセアニアの人たちにとって、大事な目印は島影ではなく、空の星だった。そこでプレアデスやアルタイルについて、仲の悪かった姉と弟だといった物語が伝わっている。

## Ⅱ　神話の風景

01　北欧のニョルズとスカディの神話もある。山の女神スカディは、ニョルズと結婚して海辺で暮らすことになったとき、カモメの鳴き声がうるさくて、耐えられなかった。

02　このとき少名毘古那が蛾の皮を着ていたというヴァージョンとミソサザイの皮というヴァージョンがあるが、これもどちらでもいいことだ。

03　ミケイリヌノミコトは波の穂を踏んで常世へ行っている。

04　山幸が海岸で途方に暮れているときも塩椎の翁があらわれて竜宮への道案内をする。紀の一書では、はじめ、罠にかかった川雁がいて、それを解き放つと塩土の翁があらわれ、雁と翁が同一人物であったと思われる。

05　波の穂の上で機を織っていたというとまさに絵になる光景だが、海岸の波打ち際に機殿を建てて機を織っていたのであろう。「其の秀起つる波穂の上に、八尋殿を起てて、手玉も玲瓏に、機織る乙女は、是誰が子女ぞ」とある。

06　神話の背景に海が出てくること、海の神話そのものが少ないことは日本神話の特色のひとつで、たとえばアメリカ・インディアンの神話には海は創造の場にしか出てこない。エジプトでも海はめったに出てこない。ギリシアはさすがに海の神話が豊富である。もうひとつ日本神話の特徴のひとつは星が出てこないことだが、これは航海の神話が少ないことと同根である。海洋民は星を見て航海する。日本の船乗りは沿海航行が中心で、星の観測は発達しなかった。

07　インドネシアでは「カンチル鹿とワニと虎」として知られている。舞台は川べりでカンチル鹿が向こうへ渡ろうとして、ワニにどちらが多いか数えてみようという。シベリアではアザラシを並べて、その上を狐が跳んでゆく。

08　この個所と、少名毘古那を温泉に入れて生き返らせたところなどから、オホナムチを医療神とみる見方がある。

09　もちろんウサギはトリックスターでもある。とくに「かちかち山」などではその性格は顕著である。

10　ここには神武東征の始めに亀にの乗って釣竿を持ってやってきたサオネツヒコの姿が物語の挿絵では重なってくる。竜宮、すなわち海のかなたの理想郷へ往来する海辺の神である。

11　浦島の話では竜宮で乙姫と婚姻をしたということは明示されないが、児童への教育的配慮であろう。なお海外の浦島譚はほとんど陸上で展開する。

12　世界の説話では「七つ頭の竜」が「竜退治」の昔話に出てくる。この方がヤマタノオロチに近い。

13　黄金の雨というのは自然現象としては雷雨であろう。それによって生まれたペルセウスにも雷神の性格があっても不思議はない。

14　井本英一は天の雨や星明りが、このコロネットを通して主祭壇に注ぎ込むことに天と地がつながっている構造をみていた。

15　アルゴス王アクリシオスは娘が産む息子によって殺されるだろうという予言を聞いて恐れ、娘を青銅の塔に閉じ込めたが、ゼウスが黄金の雨となって忍び込んでダナエと交わった。ペルセウスが生まれたとき、予言の成就を怖れたアクリシオスは親子を箱に入れて海に流した。

16　そのかわりメドゥサの首を切ったときには、そこからペガソスが飛び出した。

17　三浦半島から千葉へ行こうとするとき波が荒れて舟が進まなかった。そこで后のオトタチバナヒメが入水して舟を進めた。

18　ほかに足柄山の麓で山の神が白鹿になってあらわれたのを打倒した話があり、のちの伊吹山の段の伏線となっている。

19　ここは白鳥ではなく白智鳥とあり、千鳥かともいわれる。

20　書紀では能褒野の陵から出て、白鳥となったとある。古事記では八尋白智鳥になったという。

21　垂仁紀では鵠の飛ぶのを見て「是何物ぞ」といい、のちに献上された鵠と遊んで「遂に言語ふこと得つ」という。記のここは「あぎとひたまひき」とあり、単に口を動かしただけともとれる。

22　肥川ともいう。現在の斐伊川。

23　青草を積んだところと、ヒナガ姫との聖婚の場が同一であるかどうかは明示されていないが、同一であるとみる。なお、この「聖婚」を三谷は成人式後の妃候補による「添え寝」とみる。

24　コトシロヌシの青柴垣については松江市美保関の美保神社で毎年神事が行われている。

25　ここでは、熊野本宮が本来あったという大斎原の中州も思わせられる。

26　ここで、なぜ伊吹山の神を取りに行ったのかわからない。甲斐から信濃の国を越えて美濃へ出たコースでは、いくらでも険しい山を越えているだろう。尾張から大和へ出るには鈴鹿を越えるのが速いように思われ、伊吹に寄るのは寄り道のようである。それに踏み越えてきた山々の神々をすべて征伐してきたとすれば、伊吹以外にもいくらでも怖れるべき山の神はあっただろう。たしかに足柄では鹿になった山の神を打ち殺してきた。そのあとが伊吹だとするとこの「東征」のコースと目的が何だったのか分からなくなる。

27 フランスの中世説話「ギンガモール」では白い猪が騎士を乙女の水浴の場へ案内する。

28 ギリシアでも日本でも猪は最も危険な獣だった。熊が人間に危害を加えた話は神話では出てこない。

29 神の来臨が落雷や黒雲、あるいは稲光かとも思われる黄金の雨を伴うことは、神の威光をあらわすものとしてふさわしいともいえるだろう。雲の中には竜がひそんでいる。

30 白鳥はその長い首で蛇を思わせる。「翼ある蛇」である。

31 はじめ六人の兄弟が白鳥になったのは魔女の継母が魔法のシャツを着せかけたからだが、これはヴァージョンによっては金の首輪を取り上げると白鳥になってしまうというものもある。その変身を解除するのに口をきかずにシャツを織り上げるというのも、首輪をかけるだけで解除するヴァージョンもある。口をきかないお妃が子供を産むたびに取り上げられ、お妃が食い殺したと讒言をされるのだが、その子供たちがどうなったのかグリムは語らない。

32 「われアルカディアにもあり」と読む説もある。「われ」とは「死」であるというのである。右端の女性を羊飼いとする説もあるが、牧童たちより一回り大きく、神格化されている。オギュスタン・ベルクは「私はアルカディアにもいた」と訳し「幸福だったときもあった」という意味に解している。

33 三美神をそれぞれ快楽と貞節と美に当てはめ、美神が快楽の手を持ち上げ、貞節の手を押し下げていると説く者もいる。

34 ヘルメスが指し示す西の空は死後の世界であろうともいう。《プリマヴェラ（春）》という題も三美神のロンドが季節のロンドなら、秋と冬を指し示すかもしれない。少なくとも背後の木々になるオレンジは春にはまだ実らない。クロリスを抱えるゼピュロスも死をあらわす鉛色で表されている。

35 むしろ海岸に近く、入門者たちは海まで走って行くという儀礼を経たという（ヘネップ『通過儀礼』）。

36 パカールの登攀は一七八六年、ソシュールはその翌年である。

37 アテネのアクロポリスも丘の上に建てられている。ドイツのライン渓谷などでは山の上に山賊の要塞が築かれたが、ガリアの山の上ではローマの神々の神殿が多かった。

38 善光寺参詣曼荼羅では戸隠と飯縄山が上部に描きこまれて、あたかも戸隠・飯縄が善光寺の御神体のようにも見える。191頁参照。

39 ルネ・ゲノン『神聖科学の象徴』（本邦未訳）。同書によると入門秘儀を行う洞穴は下向きの▽であらわされ、山は上向きの△だから、これを組み合わせると「ソロモンの玉璽」となる。

40 キサカイヒメが加賀の潜戸にいると金の弓矢が流れてきた。それを取って洞穴に射通すと、洞穴が光り輝いて、大神が生まれた。この神話はミスラの誕生神話と似ていることが吉田敦彦により指摘されている（『シンポジウム「日本の神話」 5　日本神話の原形』）。

41　山中の妖怪では那須の狐もいた。狐が籠もっていた岩は山を象徴していた。

42　日本の農耕信仰において、山の神を山宮に祀り、春に里宮に迎える習俗があることも忘れられない。また航海民は山を見て航海する「山あて」の習慣をもっていた。もちろんニニギのミコトが高千穂に降臨したこと、大物主が三輪山に鎮座したことも日本神話が山を聖地としていたことの証拠であろう。

43　ゼウスの変身で下半身だけというのは珍しい。

44　ガンガーはワニに乗ってやってくる。ほかはワニになったり、竜になったりする。広く竜蛇神とみていいだろう。

45　ジョフロアは兄弟のフロモンがマイユゼの僧院で、修道士になってしまったことを部門の家の恥として僧院を焼き討ちし、中にいた修道士を全員焼き殺した。がそのあと罪滅ぼしにノーザンバーランドの山中の祖父の墓を探し出して、一族の起源を知る。

46　なお、メリュジーヌ譚でも、母親のプレシーヌが出産の場を覗かないでくれという。

47　アントワーヌ・ド・ラ・サルの『シビラ女王の楽園』でも、見ないでくれという日に外を見ると蛇がいっぱいうごめいていた。

48　三品彰英『神話と文化史』（三品彰英論文集 第3巻）平凡社、一九七一年。

49　『シビラ女王の楽園』では蛇女ばかりの「楽園」に迷い込んだ騎士は、三十三日目などの特定の日にだけ、その楽園を出ることができるが、いったん出るともう戻れない。

50　桃太郎譚では犬と猿と雉が家来になる。国際話型では「旅のみちづれ」である。犬はよく出てくるが、猿は猿の生息圏以外では珍しい。弁当をわけてやる話はよく出てくるが、黍でつくった団子には特別の意味があるかもしれない。いま「黍団子」といっているものは、普通の餅だが、これを黍でつくるとちょっと食べにくい。鬼に対して豆を投げるとか、桃の実を投げるというのが厄払いになるが、黍にもそのような特殊な機能があったかもしれない。

51　もうひとつこの犬には海老のなますを毎日与えなければならない。神饌である。

52　朱蒙のように卵で生まれたのを道端に捨てると牛馬がこれを敬って避けて通ったといわれ、あるいはほかのケースでは山野の鳥獣がこれを守り育てたりする。

53　O・ランク『英雄誕生の神話』（人文書院、一九八六年）、E・コスカン『漂流する箱』（本邦未訳）。

54　オシリスは成人後ではあるが、棺桶に入れてナイルに流され、のち冥界の王になるがこれも英雄遺棄の神話のひとつである。貝の中で生まれたウェヌスも同じものだろう。

55　ペルスヴァルの母も夫を戦場で亡くし、子供を森の奥で、戦争を知らない子供として育てていた。しかしあるとき美々しく着飾った騎士たちが通るのを見て、子供は騎士にあこがれ、母を捨てて騎士になってしまった。

### III　神話と風土的思考

01　鈴木秀夫は『森林の思考・砂漠の思考』のなかで、仏教を森林の思考、キリスト教を砂漠の思考としている。

02　地獄の川にはスチュクス、コキュートス、レテなどいくつもあるがアケロンがその最後である。

03　冥府の別名でエレボスという言い方もある。常闇の国であろう。

04　ラダマンチュスとミノスが冥府の裁判を行う。

05　シーシュポスの罪はゼウスがニンフをさらっていったのをそのニンフの父親に告げたことで、ゼウスの怒りを買っただけで、罪とは言いがたい。

06　罪人を責めさいなむ焦熱地獄だのなんだのという「地獄」を想像したのは仏教であり、キリスト教である。それ以外の世界には「地獄の苦しみ」という思想はみられない。

07　日本では仏教伝来以前は「地獄」は知られていなかった。仏教でもとくに小乗仏教は、民間での信仰形態において地獄の光景を強調する。

08　この黄泉の国をどこに比定するか、それは地上なのか地下なのかという議論があるが、ハデスの国の位置を云々するのと同じく神話的には無意味な議論である。根の国も含めて、地下でも地上でもどこでもよく、現実の地理上にはどこにもない土地なのである。高天原にしても天孫降臨の地にしても同じで、どこと比定することは不可能である。

09　黄泉の国と根之堅州国を同一であるとする見方もあるが、ここではその説はとらない。同一説の根拠は出口が同じ黄泉平坂だというのだが、複数の死者の国が共通の出口をもっているのであろう。

10　寺川真知夫も言う、「根之堅州国は肉体を離れて浄化せられた魂のゆく祖霊の世界であった」(「大国主神の国作の性格と大国主神の形成」『古事記研究大系4　古事記の神話』高科書店、一九九三年)。

11　スセリ姫の母親はどこにいたのだろう。スセリ姫がいなくなったあとは、スサノヲは一人神になったのだろうか。

12　本書では比較神話的に複数の冥界を考え、それぞれの世界を試練を経て通過して光明へ至るものとする。

13　寝ていると上から剣が降ってきたりする。

14　「悪魔の宝」では魔王の頭の虱をとってやっているうちに魔王が眠り込むので、そのすきに魔王の髪を垂木に結わえ、魔法のヴァイオリンと魔法の剣を取って逃げ出すというスサノヲ譚と同じモチーフが語られる。

15　オホナムチにとって根之堅州国が死の国であったことは、木の又にはさまれて死んだことからも明らかである。

16　この貝の女神たちが「母の乳汁」と貝殻をすり潰したものを混ぜて患部に塗ったといい、「母の汁」とは乳汁のこととされているが、貝が吹き出す「小便」かもしれない。蛤女房では後者である。

17　「国づくり」を政治的意味にとって、国内平定を指すとする見方と、開墾、灌漑、治水などの土木工事を指す見方があるだろうが、国ゆずりの場で、大国主が広鉾をさしだして、これで今まで国づくりをやってきたというところをみると、後者ともみられる。この点はあとでもう一度考える。

18　天の鳥舟は、乗り物ではなく、神名であろうが、乗り物にもなっただろう。

19　ここに至るまでには出雲族と高天原族の間に長く激しい戦いがあったはずである。世界の神話はトロイ戦争であれ、『マハーバーラタ』であれ、ラグナロクであれ、あるいは琢鹿の戦いであれ、何年も続く大戦争を語る。大神話で大戦争を語らないのは日本神話とエジプト神話だけといってもいいかもしれない。しかしそのエジプトでも上下両王国の間には長い戦争があったのである。なお、そのような「大戦争」は考古学的に痕跡がないといわれるが、これは神話と歴史を混同した議論である。

20　済州島の神話に天主王のふたりの息子がこの世とあの世を分割統治した話がある。

21　入り口でもあり出口でもある。スサノヲも黄泉平坂までオホナムチを追ってくるのである。死の出入り口が黄泉平坂で、その先に黄泉の国、根之堅州国、常世という三種の冥界があるというのが、本書で明らかにするあの世の構造である。

22　カムムスヒが日本の大母神であるという見方もある。

23　ギリシアではアナトリアの大女神キュベレも信仰されていたが、彼女も植物霊ではなかった。動物たちの主ポトニア・テロンだった。もっとも彼女の起源は奇妙にも植物アーモンドと交錯している。はじめはゼウスの精液から男女両性のアグディスティスが生まれ、その男根を切り取ったところ、アーモンドになったのである。

24　エジプトであれば冥界にも太陽神がいた。彼、オシリスは地上なら太陽神だったが、冥界でもその性格を保持している。そして同時に裁きの神となる。そのあとは入門試練に相当する地底の試練があり、光明の世界への出口がある。裁きと試練と再生の神なのである。これは必ずしも地獄の思想ではないから、試練は選別のためのもので、矯正教育のための懲治監獄ではない。地上に対立する地下世界の役割として、植物霊的な再生の場を考えるのは初期農耕文化だろう。善悪の選別を行うのは、これも植物霊的だが、握種の篩い落としの思想が発生している中期農耕文化だろう。そして選別された結果の悪種を鍛え直して更生させて再生させるのは、育種の思想をもった後期農耕文化とみられる。

25　オホナムチがやけどを負って死んだとき貝の女神がやってきて蘇生させたのをみれば、イザナミの場合も同じ女神たちによって同様の処置を施せば生き返ったかもしれない。少なくとも黄泉の国では腐りただれてはいてもイザナギと問答をするだけの生命力を持っているのである。

26　もちろんここで卑弥呼を思い出す人は多いだろう。しかし彼女に死と再生を司る大地母神の性格をみることは難しい。

27　ギリシア神話でもアポロンの双子の姉妹アルテミスははじめ月神だったが、やがて、月の女神セレネにその役を譲り、狩りの女神になる。

28　しかしてなお、「名山」とは火山の別称なりと志賀重昂がいうように、火山崇拝は止まなかった。

熊野観心十界図（江戸時代、兵庫県立歴史博物館）

29　十界図でも火車、血の池地獄なども出てくるが、上部の太鼓橋では生前の諸段階が描かれており、何といってもこれは「熊野」十界図で、この世も六道も天界すら描き込まれた宇宙図なのである。

30　大和盆地が都になったということは大河のほとりに古代文明が栄えたというテーゼに背いた歴史の逆説であるが、実はアテネにも大河はない。大河のほとりはたえず洪水を怖れなければならない。火山からも、津波のおそれのある海岸からも、洪水の脅威のある大河からも遠い大和は安寧の地だったのである。

31　人身御供の例がイピゲネイアである。しかしこれも神によって鹿にすりかえられた。

32　アポロンはマルシアスに音楽の腕比べを申し渡した。アポロンは竪琴で、マルシアスは笛である。一回目は決着がつかなかった。そこで二回目は互いに楽器を逆さにして奏でることにした。笛は逆さにしたら音が出ない。アポロンの勝ちである。ずるい勝ちだ。

33　この殺された子供たちの父親は竪琴の名手アムピオンだが、彼も自殺した。

34　神が怒りを発動させた例はイザナギがカグツチを切ったところにある。

35　雉を射った矢が高天原に届く。日本の天界は矢が届くくらい、雉が飛ぶくらいの低くて近いところである。

36　世界ではニムロデの返し矢の話がある。天へ向かって矢を放ったところ、それが戻ってきてそれに当たって死ぬのである。

37　オホナムチは兄弟の八十神に迫害され、二度殺されたが、生き返っている。

38 この背後にはエウヘメリズム的解釈をすれば、出雲族と大和族の間の大戦争があったとも想像されるところである。

39 「国づくり」を「国」を制定することとし、まつろわぬ神を従え、王権を確立し、国体を整備することだとする説（水林ほか）があるが、世界神話では、王権の確立はまず天の神々の世界の秩序の確立があり、ついで、地上の人間の居住空間の確立のあと、文化英雄があらわれ、王が登場するのであって、自然の風土ができあがるときと、「国」あるいは王権が確立することが同時であるというのはアナクロニスムである。これは日本神話の成立年代が遅いことにもよるが、島うみ、あるいは国引き神話などと、国造の制度などを同時代におくことは神話学的には認容できないことである。もちろんこの言葉を国家制度の確立というように読む人はいないが、根之堅州国から帰って、八十神を追い払って、「始めて国をつくりたまいき」というような場合は、政治的な意味が強いのは確かである。しかし少名毘古那とともにした「国づくり」は、より国土経営的な治水などの事業をあらわすものであろう。守屋はこの語を国土造成の意にとっている。石母田正は「国作りの神、つまり土地を占拠し、開墾し耕作する」ものとしている。海外の例ではメリュジーヌが「開墾妖精」と規定されている。

40 これについては水林は「祓い」であって罰ではないという。

41 毒蛇の毒がロキにかからないように、ロキの妻が器に毒をとってやっていたが、毒がいっぱいになるとそれを捨てにいった。その間、毒がロキにかかって、苦痛のために体をよじる。それが地上では地震となってあらわれた。ラグナロクではロキはヘイムダールと戦って相打ちになった。

42 「罪」について賠償を払う例としては『古語拾遺』にある御年神の怒りの話がある。ある人が田をつくったとき、人々に牛の宍を供したのを御年神が知って怒り、イナゴを放ったのに対し、白猪、白馬、白鶏を捧げて怒りをなだめたという。

43 スサノヲに対する罰も至高神の決定ではなく、諸神の合議で決まっている。

44 「暇な神（deus otiosus）」はエリアーデが展開した概念で、天空へ追いやられたウラヌスが、その後、そこにいるだけで、なんら支配権もふるわず、統治もしなくなることを指していう。

45 アンティオペはキタイロン山中でアムピオンとゼトスの双子を産む。二人は山中に捨てられるが、羊飼いに拾われて育てられる。アムピオンは音楽に秀で、竪琴の音でテバイの城壁を建てた。アムピオンはニオベと結婚して、子供たちの皆殺しに遭い、絶望して自殺した。ゼトスも一人息子が死んだのを悲しんで自殺した。

46 小林道憲もあとの方では、「大自然がなす災い」については、「人間社会で侵してはならない禁忌が破られたための結果」としてとらえられたと言っている。

47 一部始終を絵にして織り出したというのだが、どんな図柄にしたのか興味がある。

48　夫が妹に手を出したというだけのことで、子供を殺して復讐するのは異常だが、「食べられた心臓」というタイプの話では、妻の不倫の相手を殺して、その心臓を妻に食べさせる。テュエステスはその子を兄によって殺されて、その肉を食べさせられた。肉食文化ならではの残虐譚である。

49　テレウスがヤツガシラになったのが彼の悪行に対する罰であるかどうかは疑問で、彼は単に鳥になった妻たちを追い掛けるために変身をしたのかもしれない。のちの喜劇『鳥』では鳥の共和国をつくるのにこのヤツガシラが相談役になっている。

50　たとえ実父でなくとも人を殺した罪は重いが、避けがたい偶発事であり、責任を問うことは難しい。

51　アイギストスはテュエステスの子だが、アトレウスが我が子として育てていた。アガメムノンにとっては異腹の兄弟になる。

52　アガメヌノンもアイギストスもオレステスもみな呪われたアトレウスの一族なのである。これはタンタロスの受けた呪いである。アトレウス一族はタンタロスの子孫になる。

53　ノアの洪水が黒海の水位上昇の物語だとする説は、黒海沿岸で展開したこの物語によっても否定される。

54　プリクソスは継母の迫害を逃れて、空飛ぶ羊に乗ってやってきた。

55　父親の追っ手をかわすために、一緒に逃げた弟を殺して、その遺体をばらまいた。また、ギリシアに着いたとき、最初の国で、その国の王を若返らせると称して謀殺した。

56　テセウスはアイゲウスがトロイゼンにいたときにアイトラと交わってできた子供で、成人になってから、アテナイに来て、アイゲウスに認知を求めた。アイゲウスはテセウスの持っていた剣によって実子と認めた。

57　クレタではミノタウロスへの人身御供として男女の子供をアテナイから定期的に貢進させていた。テセウスはその少年少女たちと同行してミノタウロスを退治しようとしたのである。

58　白い帆、黒い帆はトリスタンの物語でも出る。

59　太陽は本質的に「隠れる神」である。夕方西の空から、地平線の下へ隠れ、翌朝、東の空に昇ってくるのである。夜の間の太陽について、エジプトでは夜の海を太陽の舟で渡る様子が語られる。夜の海には悪蛇アポピスほか、妖魔がうごめいている。ラーやホルスにとってそれは危険な旅であった。

60　実際の太陽はヘリオスによって動かされている。太陽の馬車を御するのはヘリオスなのである。

61　これについては光の神とする見方もある（水林ほか）。しかし、世界神話では太陽神と光の神とは別である。

62　洞穴に籠もることによって真の太陽の性格を獲得したのだという説もある。

63　皆既日食であっても真っ暗になるのは五分ほどで、すぐに明るくなってくる。

64　世界は暗くなったというのだが、太陽が隠れても、その太陽を呼び出すためにかがり火を焚いたりするだろうから、真の暗闇ではない。暗闇だったらウズメの踊りも見えないはずである。それに月が煌々と照らしていた可能性もある。なお、日本神話では真の闇は黄泉の国に見られる。根之堅州国は闇ではなかった。

65　太陽洞窟は太陽が夜ごと籠もるところで、翌日の出現の準備をするところである。そこからさらに比較神話的に考えると、再生のための「籠もり」とも読み取れる。佐藤正英はアマテラスは岩戸でいったん死んで、たま神として甦ったとする。根の国が通過試練の場であると同様、岩戸も「うまれきよまり」の試練の場だったかもしれない。

66　彼女は猿田彦を「顕した」ものである以上、今後、サルメと呼ぶがいいと言われる。

67　ここには矛盾がある。太陽が隠れて真っ暗になったなら、ウズメが隠しどころを見せても誰にも見えないはずだ。実際はかがり火などを焚いて、あかあかとその場を照らし出していたのである。

68　ここではバウボは明らかに腹部を押し広げたり、ひっぱったりしてみせたのである。

69　日向は九州宮崎の日向とは限らない。荒川紘は「神話の地名『日向』は大和の地で行われていた太陽崇拝の祭り、日向儀礼と不可分」という。

70　このときウズメは海の魚類を「鰭の広もの、鰭の狭もの」を問わず招集する。これはのちに竜宮でトヨタマヒメが魚類を招集して釣り針を探すときと同じである。魚類に号令する女神としてウズメはここではトヨタマヒメと性格を共有しているといってよい。貝はウズメの女陰である。

71　この貝をヒラブ貝というが、シャコガイではないかと思われる。大きなものは人ひとり呑み込むくらいの大きさになる。

72　水林は高天原に裏と表があり、隠れた神は「裏」にいるとする。

73　佐藤はクニノトコタチなどが身を隠した場所を「別高天原」と言っている。

74　ラーの晩年については、イシスがつくった毒蛇に咬まれて苦痛のあまり、隠された名前をイシスに明かしたという話がある。イシスはそれをホルスに伝え、その結果、太陽神としての権限が完全にホルスに移譲された。

75　ケルトの神々も戦いに敗れて地中に籠もった。ただし彼らは自由意志で地中に籠もったので、ウラノスのように天の高みに駆逐されたものではない。ウラノスはそれに去勢されたので、ポリネシアのランギのように単に天へ押し上げられたのでもない。原始宗教では神を祀るものが去勢をする例はアティス祭祀のようにいくらか見られるが、神としては身体的欠損のあるものは王たり得ないというのはケルトだけではない。なおウラノスの去勢については既述のように男根だけなのか、睾丸の方か、あるいは全部かはっきりしない。彼の性器が海中に落ちてアプロディテを生むという以上は精子をつくる部位でもあり、また牧畜民族の行っていた家畜の去勢でのやり方とも同じ睾丸去勢とみられる。

76 ヘラクレスはこの十二功業だけではなく、イベリア半島から黒海沿岸まで、ヨーロッパをくまなく巡歴している。職人のイニシエーションとしての遍歴修行をも思わせるが、王が領地を検分する巡歴とも思われる。そしてその度、行く先々で土地の女と交わって、子孫を残している。

77 プロメテウスの功罪についてはマフソリは、プロメテウスが科学技術を人間に教え、自然の破壊に貢献したのに対し、ディオニュソスは葡萄酒を飲んで自然の喜びを享楽することを教えたとしている。

78 中国でも女媧が泥から人間をつくっている。アダムも泥からつくられた。

79 その結果、神々は骨のように不滅になったともいう。

80 あるいはそれは地上にありとあらゆる災厄をもたらしたパンドラのせいだといってもいいのかもしれない。パンドラはゼウスがプロメテウスに対抗するためにつくりだした悪の原理であり、聖書のエヴァにも相当する。一神教と多神教というより、悪の問題といってもいいので、悪を創造した聖書の神はパンドラをつくったゼウスと同じで、それは一神教ではなく、マニケイスムでしかないのだろうか。

81 日本のトリックスターはスクナヒコナであり猿田彦である。彼が溺れるときの所作は、山幸にこらしめられる海幸の所作を思わせる。

82 アジスキタカヒコネがアメワカヒコの喪屋を切り伏して、それが地上に落ちて山になったという伝承もある。

83 袈裟御前を誤って殺害した文覚は那智で荒行をした。

84 アパム・ナパートが原初の混沌の海を受胎させる。

おわりに

01 古代文明は大河川のほとりに生まれたというが、大神話は必ずしも大河川があるところに成立したわけではない。アイスランドやアイルランドといった過酷な風土にも豊かな神話が生まれている。文明と神話とのパラドックスであろう。

02 ヘラクレスは地獄の番犬ケルベロスを捕獲しに行ったときにハデスの国へ行っている。そこで忘却の椅子に座らされていたテセウスを解放している。

03 ここではマヤ・アステカ、ロシア、アフリカについては神話の一、二を紹介しただけで、中央アジアのほか、東欧や東南アジアのいくつかの国については言及することもできなかった。それらの国、地域には神話がないわけではないが、風土を語った手頃な神話がみつからなかったのである。一応、世界中の神話を参照したが、○○神話というものと現在の国名とは合致しない。

# 参考文献

＊主に日本語の文献を掲げた。

「アジアの星」国際編集委員会編、海部宣男監修、柿田紀子・柿田紀子訳『アジアの星物語 東アジア・太平洋地域の星と宇宙の神話・伝説』万葉舎、二〇一四

アントニー・アルパーズ、井上英明訳『ニュージーランド神話』青土社、一九九七

リカルド・アルバレス、向晶子訳『森と川の神話』文京書房、一九八八

ヴェロニカ・イオンズ、酒井伝六訳『エジプト神話』青土社、一九九一

ヴェロニカ・イオンズ、酒井伝六訳『インド神話』青土社、一九九〇

前田耕作編・監修、檜枝陽一郎ほか訳『スティグ・ヴィカンデル論文集アーリヤの男性結社』言叢社、一九九七

フィリップ・ウィルキンソン、大山晶訳『世界の神話伝説図鑑』原書房、二〇一三

チャン・ヴェトキーン、本多守訳『ヴェトナム少数民族の神話チャム族の口承文芸』明石書店、二〇〇〇

ジーン・A・エリス、森秀樹監修、国分寺翻訳研究会訳『オーストラリア・アボリジニの伝説』大修館書店、一九九八

袁珂、鈴木博訳『中国の神話伝説　上・下』青土社、一九九三

ハロルド・オズボーン、田中梓訳『ペルー・インカの神話』青土社、一九九二

Th・H・ガスター、矢島文夫訳『世界最古の物語』東洋文庫、二〇一七

フェリックス・ギラン、小海永二訳『ロシアの神話』青土社、一九九三

J・キャンベル、山室静訳『神の仮面　上・下』青土社、一九八五

マルセル・グリオール、坂井信三・竹沢尚一郎訳『水の神』せりか書房、一九八一

マイケル・グラント&ジョン・ヘイゼル、西田実ほか訳『ギリシア・ローマ神話事典』大修館書店、一九八八

ジョン・グレイ、森雅子訳『オリエント神話』青土社、一九九三

A・V・ジェネップ、秋山さと子・彌永信美訳『通過儀礼』思索社、一九七七

シャーロット・ゲスト、井辻朱美訳『マビノギ』原書房、二〇〇三

カール・ケレーニイ、高橋英夫訳『神話と古代宗教』新潮社、一九七二

ピエール・クラストル、毬藻充訳『大いなる語り　グアラニ族インディオの神話と聖歌』松籟社 一九九七

ジャックリーン・シンプソン、橋本槙矩訳『ヨーロッパの神話伝説』青土社、一九九二
H・R・エリス・デイヴィッドソン、米原まり子・一井知子訳『北欧神話』青土社、一九九二
ハンス・ペーター・デュル、岡部仁・原研二訳『夢の時』法政大学出版局、一九九三
アイリーン・ニコルソン、松田幸雄訳『マヤ・アステカの神話』青土社、一九九二
フレデリック&オードリー・ハイド=チェンバース、中島健訳『チベットの民話』青土社、一九九六
ジョアンナ・ハップズ、坂内徳明訳『マザー・ロシア』青土社、二〇〇〇
コティー・バーランド、松田幸雄訳『アメリカ・インディアン神話』青土社、一九九〇
R・P・ハリスン、金利光訳『森の記憶』工作舎、一九九六
ジェフリー・パリンダー、松田幸雄訳『アフリカ神話』青土社、一九九一
ニール・フィリップ、松村一男監訳『世界神話と伝説の謎』ゆまに書房、二〇〇二
ヤン・ブレキリアン、田中仁彦・山邑久仁子訳『ケルトの神話の世界』中央公論社、一九九八
オギュスタン・ベルク、篠田勝英訳『日本の風景・西欧の景観』講談社、一九九〇
ベルナツィーク、大林太良訳『黄色い葉の精霊』東洋文庫、一九六八
ロズリン・ポイニャント、豊田由貴夫訳『オセアニア神話』青土社、一九九三
プロインシァス・マッカーナ、松田幸雄訳『ケルト神話』青土社、一九九一
ヘクター・マクドネル、山田美明訳『ケルト、神々の住む聖地』創元社、二〇一四
アリス・ミルズ監修、荒木正純監訳『世界神話大図鑑』東洋書林、二〇〇九
K・ラングロー・パーカー、松田幸雄訳『アボリジニー神話』青土社、一九九六
エドマンド・リーチ、江河徹訳『神話としての創世記』紀伊國屋書店、一九八五
リョンロット編、小泉保訳『フィンランド叙事詩　カレワラ　上・下』岩波文庫、一九七六
クロード・レヴィ=ストロース、早水洋太郎ほか訳『神話論理』全五巻、みすず書房、二〇〇六〜一〇
A・レシーノス原訳、林屋永吉訳『マヤ神話ポポル・ブフ』中公文庫、二〇〇一
新共同訳『聖書』日本聖書協会、一九八七

Philippe Beaujard, *Mythe et societe a Madagascar*, Harmattan, 1991
秋元吉郎校注『日本古典文学大系　風土記』岩波書店、一九五八
浅井治海『森と樹木と人間の物語』フロンティア出版、二〇〇六
荒井献ほか『現代聖書講座第一巻　聖書の風土・歴史・社会』日本キリスト教団出版局、一九九六
荒川紘『古代日本人の宇宙観』海鳴社、一九八一
石母田正『神話と文学』岩波現代文庫、二〇〇〇
泉谷康夫『記紀神話伝承の研究』吉川弘文館、二〇〇三
伊藤清司ほか『シンポジウム　日本神話の原形』学生社、一九七五
井上光貞ほか校注『日本古典文学大系　日本書紀』岩波書店、一九六五
井村君江『ケルトの神話』ちくま文庫、一九九〇
上田正昭『日本の神話を考える』小学館ライブラリー、一九九四
上村勝彦『インド神話』ちくま学芸文庫、二〇〇三
内田保編『スコットランドの神話伝説』世界神話伝説大系三九、名著普及会、一九八一
大林太良ほか監修『日本神話事典』大和書房、一九九八
大林太良編『シンポジウム「日本の神話」一　国生み神話』学生社、一九七二
大林太良編『シンポジウム「日本の神話」二　高天原神話』学生社、一九七三
大林太良編『世界の神話』日本放送出版協会、一九七六
沖田瑞穂『マハーバーラタの神話学』弘文堂、二〇〇八
小沢俊夫編『世界の民話二二　インドネシア・ベトナム』ぎょうせい、一九七九
川崎寿彦『森のイングランド』平凡社、一九八七
木村英雄『響きあう神話　現代アマゾニアの物語世界』世界思想社、一九九六
金奉鉉『朝鮮の伝説』国書刊行会、一九七六
久保寺逸彦『アイヌの神謡』草風館、二〇〇四
倉野憲司『古事記　祝詞　日本古典文学大系』岩波書店、一九五八
神野志隆光『古事記の世界観』吉川弘文館、一九八六
古事記学会編『古事記の神話』高科書店、一九九三
小林道憲『宗教とはなにか』日本放送出版協会、一九九七
小西正捷編『インド』河出書房新社、一九九七
斎部広成撰『古語拾遺』岩波文庫、一九八五
佐々木高明『照葉樹林文化とは何か』中公新書、二〇〇七
佐藤正英『古事記神話を読む』青土社、二〇一一
志賀重昂『日本風景論』岩波文庫、一九三七
申来鉉『朝鮮の神話と伝説』太平出版社、一九七二
鈴木秀夫『森林の思考・砂漠の思考』日本放送出版協会、一九八〇
鈴木秀夫『気候変化と人間』大明堂、二〇〇〇
千田稔『古代日本の王権空間』吉川弘文館、二〇〇四

千田稔『古事記の宇宙（コスモス）　神と自然』中公新書、二〇一三
立山博物館『地獄遊覧』富山県、二〇〇二
谷口幸男ほか『ヨーロッパの森から』日本放送出版協会、一九八一
多田智満子『森の世界爺』人文書院、一九九七
直野敦、住谷春也訳編『ルーマニアの民話』恒文社、一九八〇
中山太郎『日本民俗学』大和書房、一九七六
西山克『聖地の想像力』法蔵館、一九九八
西宮一民校注『古事記』新潮社、一九七九
樋口忠彦『日本の景観』ちくま学芸文庫、一九九三
松本健一『砂の文明　石の文明　泥の文明』岩波現代文庫、二〇一二
松村武雄編『アフリカの神話伝説一』世界神話伝説大系一、名著普及会、一九七九
松村武雄編『シベリアの神話伝説』世界神話伝説大系十、名著普及会、一九七九
松村武雄編『ドイツの神話伝説一・二』世界神話伝説大系二三・二四、名著普及会、一九八〇
松村武雄ほか編『世界神話伝説大系』全四二巻、名著普及会、一九七九〜八一
松下直弘『中南米伝説の旅』花伝社、一九九一
実松克義『マヤ文明　新たなる真実』講談社、二〇〇三
三浦佑之『古事記・再発見。』KADOKAWA、二〇一六
三浦朱門ほか『聖書の土地と人びと』新潮社、一九九六
水林彪『記紀神話と王権の祭り　新訂版』岩波書店、二〇〇一
三谷栄一『日本神話の基盤』塙書房、一九七四
森本哲郎『サハラ幻想行　哲学の回廊』河出書房新社、一九七二
守屋俊彦『記紀神話論考』雄山閣、一九八九
安田喜憲『東西文明の風土』朝倉書店、一九九九
山口昌男『アフリカの神話的世界』岩波新書、一九七一
山崎正之『記紀伝承説話の研究』高科書店、一九九三
山崎光子編『ハンガリーの伝説』世界神話伝説大系三三、名著普及会、一九八〇
湯浅泰雄『神々の誕生』以文社、一九七二
吉上昭三ほか共訳編『ポーランドの民話』恒文社、一九八〇
吉村作治『ファラオと死者の書』小学館ライブラリー、一九九四
和辻哲郎『風土』岩波文庫、一九七九（初版一九三五）

# 索　引

著者紹介

篠田知和基（しのだ ちわき）

1943年東京生まれ。パリ第8大学文学博士。名古屋大学教授ほかを歴任。比較神話学研究組織GRMC主宰。

著書：『幻影の城－ネルヴァルの世界』（思潮社）、『ネルヴァルの生涯と作品－失われた祝祭』（牧神社）、『土手の大浪－百間の怪異』（コーベブックス）、『人狼変身譚』（大修館書店）、『竜蛇神と機織姫』（人文書院）、『日本文化の基本形○△□』『世界神話伝説大事典』〔共編〕『世界神話入門』『フランスの神話と伝承』（勉誠出版）、『空と海の神話学』『魔女と鬼神の神話学』『光と闇の神話学』（楽瑯書院）、『世界動物神話』『世界植物神話』『世界鳥類神話』『世界昆虫神話』『世界魚類神話』『愛の神話学』『ヨーロッパの形－螺旋の文化史』（八坂書房）、ほか多数。

訳書：ジョルジュ・サンド『フランス田園伝説集』（岩波文庫）、ジャン・レー『新カンタベリー物語』（創元推理文庫）、ジェラール・ド・ネルヴァル『東方の旅』（国書刊行会）、ジェラール・ド・ネルヴァル『オーレリア』『火の娘たち』『ローレライ』（思潮社）、ほか多数。

**世界風土神話**

2020年 6月25日　初版第1刷発行

著　　者　篠田知和基
発行者　八坂立人
印刷・製本　シナノ書籍印刷(株)

発行所　(株)八坂書房
〒101-0064 東京都千代田区神田猿楽町1-4-11
TEL.03-3293-7975 FAX.03-3293-7977
URL: http://www.yasakashobo.co.jp


ISBN 978-4-89694-274-3